PUPIL'S BOOK

Ann Miller
Liz Roselman
Marie-Thérèse Bougard

Arc-en-ciel 2 covers Levels of Attainment 2 to 6 of the National Curriculum in all four Attainment Targets, and brings in all seven Areas of Experience.

CONTENTS

➤➤

INTRODUCTION

Nabila Malik a quinze ans. Elle habite Abidjan, en Côte d'Ivoire, avec sa mère, Amina Thireau, et son beau-père, Grégoire Thireau. Amina et le père de Nabila sont divorcés. Grégoire Thireau est docteur.

Céline, la première femme de Grégoire, est morte. Leur fille, Sophie, habite Nantes avec ses grands-parents, Christian et Estelle Thireau. Sophie a quinze ans, comme Nabila.

Sophie **Grégoire** **Christian** **Estelle** **Amina** **Nabila**

Christian Thireau — Estelle Thireau
→ Grégoire Thireau

Céline Thireau *(décédée)* — Grégoire Thireau
→ Sophie Thireau

Grégoire Thireau — Amina Thireau
Amina Thireau → Nabila Malik

TES OBJECTIFS

In this unit, you will learn how to . . .

. . . talk about future plans and intentions

Nous allons commencer notre descente sur Paris.

. . . deal with the language of travelling by plane

Attachez vos ceintures.

Attachez vos ceintures

. . . talk about what's yours, ours and other people's

Votre chien; vos passeports; notre voiture; nos chats; leur adresse; leurs vignes.

Sophie et ses amis devant leur école.

Regardez nos vignes !

Nos deux chats. Leurs noms sont Saphir et Lutèce.

Notre nouvelle voiture !

Restaurant Les Lilas

Spécialités de poisson, crêpes, Muscadet

Monsieur et Madame Thireau
6, rue Voltaire
44100 Nantes
Tel. 40.76.97.87
Ouvert tous les jours

Une agence de voyages à Abidjan, au mois de juin . . .

C'est pour les vols Abidjan-Paris.

Alors, avec Air Afrique il y a 18 vols par semaine. Vous voulez partir quand?

Au mois de septembre... euh... le mardi huit septembre. Le matin, si c'est possible. Mais pour la date de retour, je ne sais pas. Cela dépend...

Le même soir, chez lui.

Alors ça y est. On prend l'avion le mardi huit septembre.

Ah, non. Je ne veux pas aller en France. Je veux rester ici.

Mais, non – tu vas aimer la France. Et tu vas voir Sophie.

Ah, non. Je ne veux pas voir Sophie.

Mais si! Elle est sympa. Tu vas aller à l'école avec Sophie et ses amis. Tu ne vas pas être seule.

Bof! Et mes amis à moi?

Et puis Renaud, qu'est-ce qu'il va faire?

Il va aller chez Ibrahim. N'est-ce pas, Renaud?

Trois semaines plus tard.

C'est une lettre de mes parents. Il y a des photos. Nabila, viens ici!

Ça, c'est Sophie avec ses grands-parents. Tu vois leurs vignes? On va boire du bon vin à Nantes!

Il est gros, ton père.

Il a un restaurant. C'est normal! Sophie est grande maintenant!

Deux mois plus tard, à l'aéroport d'Abidjan.

Au revoir, Nabila! Amuse-toi bien!

Vos billets, s'il vous plaît.

Au revoir! Écrivez-moi!

Vos passeports, s'il vous... euh... c'est votre chien?

Ah, oui.

Non, Renaud, tu ne peux pas venir en France. Tu n'as pas de passeport. Tu dois rester ici.

À bientôt, Renaud.

Les passagers à destination de Paris doivent se présenter à la porte 12.

Tu vois notre avion?

AIR AFRIQUE

Mesdames et messieurs, bienvenue à bord du vol RK 203 à destination de Paris-Charles-de-Gaulle. Nous allons voler à une vitesse de 947 kilomètres à l'heure et à une altitude de 13 700 mètres. Nous allons survoler le Mali, la Mauritanie, l'Algérie et le Maroc...

Six heures et demie plus tard.

Attachez vos ceintures et éteignez vos cigarettes, s'il vous plaît. Nous commençons notre descente sur Paris.

À l'agence de voyages

АЭРОФЛОТ
Soviet airlines
C

1. Écoute ces conversations et pour chacune, note dans ton cahier:

a) la ville de départ
b) la destination
c) la ligne aérienne
d) la date de départ
e) la date de retour.

2. Trouve le parcours de l'avion des Thireau.

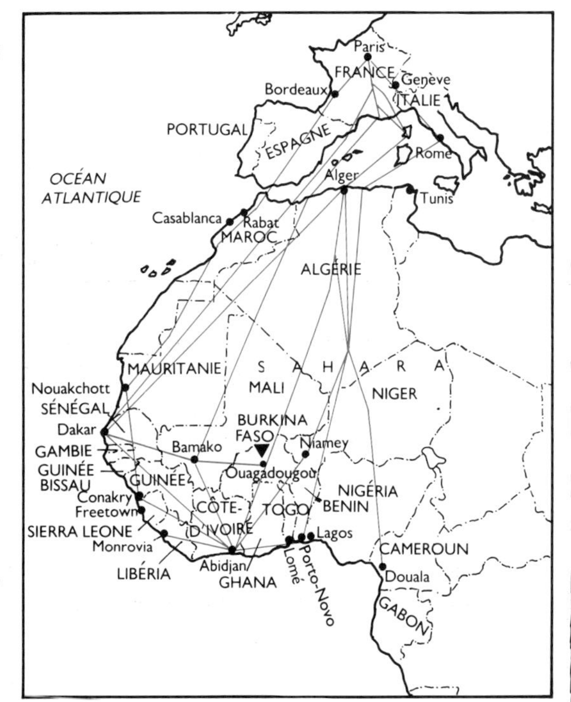

3. Écoute ces conversations. Les passagers regardent la carte (à gauche) et parlent de leur voyage. Ils partent d'Abidjan. Où vont-ils?

Exemple: *Nous, on va survoler la Côte d'Ivoire, le Ghana et le Togo.*

Ils vont à Lomé.

4. Travaille avec un(e) partenaire. Choisis ta ville de départ (par exemple, dis *On est à Dakar*) et décris ton voyage (par exemple, *On va survoler le Sénégal, le Mali et le Burkina Faso*). Ton/Ta partenaire doit deviner ta ville de destination (par exemple, *Tu vas à Ouagadougou*).

5. Fais un dessin pour montrer la vitesse et l'altitude de l'avion RK 203.

6. a) Écoute les projets de Monsieur Thireau et trouve une photo dans la brochure à droite pour chaque projet.
b) Qui est-ce qui répond à Monsieur Thireau? Pour chaque réponse, écris *Nabila* ou *Amina*. (Amina veut aller à Nantes. Nabila ne veut pas.)
c) Trouve un dessin pour chaque réponse.

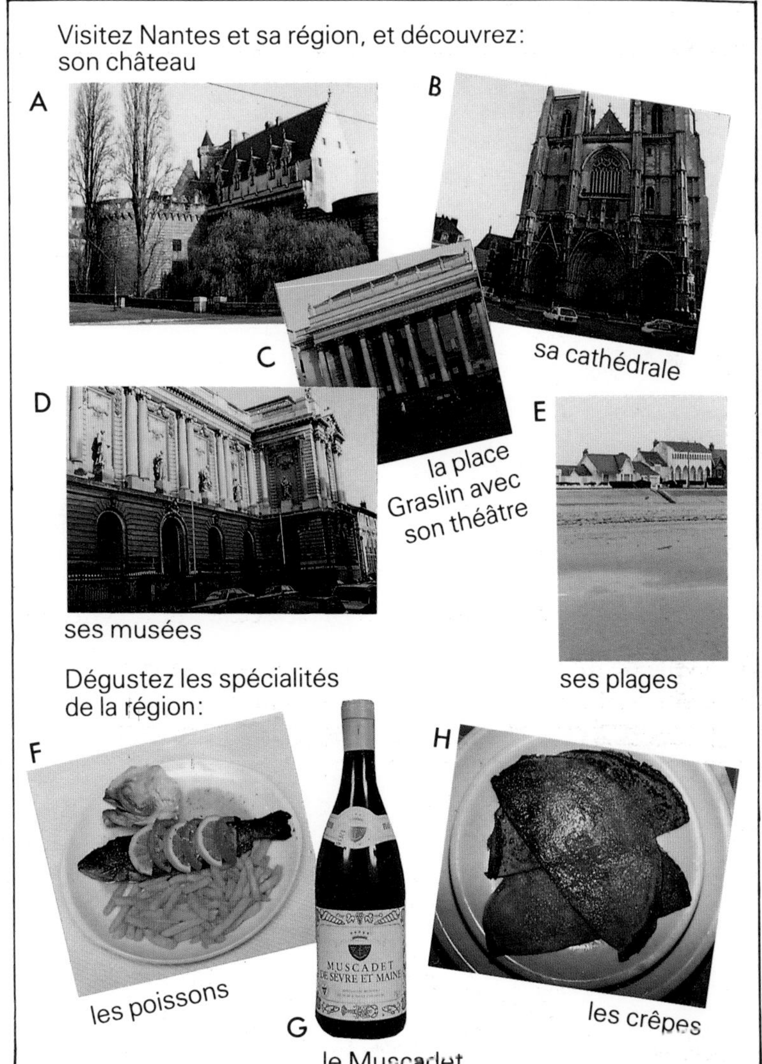

SEPTEMBRE
2 lundi
3 mardi
4 mercredi
5 jeudi
6 vendredi
7 samedi
8 dimanche

7. Travaille avec un(e) partenaire. Imagine que tu visites Nantes et sa région. Qu'est-ce que tu vas faire? Voici une liste des activités possibles: manger du poisson, manger des crêpes, aller au théâtre, aller à la plage, visiter le château, visiter les musées, visiter la cathédrale. Commence par ton activité préférée.

Exemple: *Lundi, je vais visiter le château.*
Ensuite demande à ton/ta partenaire ce qu'il/elle va faire. (*Qu'est-ce que tu vas faire lundi?*, etc.)

8. Les élèves de la classe de 3ème B5 donnent leurs réponses à un sondage. Le texte de l'interview paraît dans le journal du lycée mais avec deux erreurs. Écoute l'interview et trouve les erreurs.

PROFIL DE LA CLASSE 3ème B5

Leur sport préféré, c'est le football.
Leur film préféré, c'est *L'Empire du soleil*.
Leur acteur préféré, c'est Jean-Paul Belmondo.
Leur actrice préférée, c'est Sophie Marceau.
Leurs chanteurs préférés, ce sont Jean-Jacques Goldman et Michael Jackson.
Leur boisson préférée, c'est l'Orangina.

9. Fais le portrait de la classe de Sophie et de ses copains: leur classe s'appelle 3ème B2. Les photos et les dessins vont t'aider.

« C'est un très vieil homme, et un très jeune enfant. » (Quincy Jones)

JEAN-JACQUES GOLDMAN
10. Je marche seul ; 11. Envole-moi ; 12. Je te donne.

« Le Passage ». Alain Delon et Alain Musy, mardi, Canal Plus, 20 h 30.

Isabelle Adjani dans Subway : les nouveaux mystères de Paris

TON VILLAGE

Le village et la famille

10. Start by making up a name for your village. Your village can be anywhere in France that you want it to be, but if you look at the names of the villages around Nantes on this map, they will help you to make up your own name.

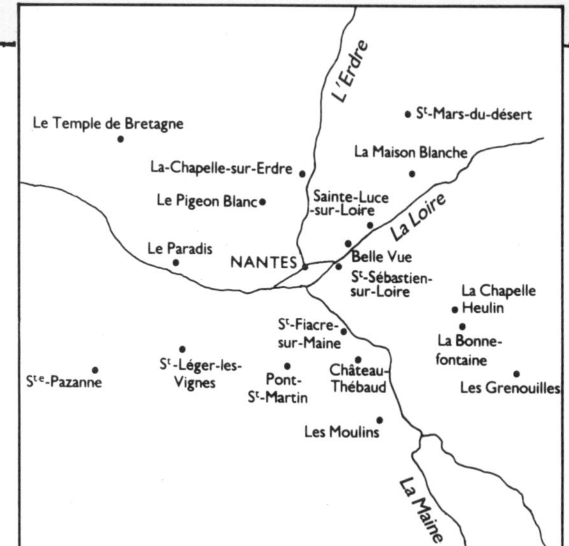

How many can you find that are called after a saint?
How many have the pattern *Saint* + (name) + *sur* + (name of river)?
How many include the name of an important local building?
How many tell you something about local wildlife?
How many suggest that the village is a very pleasant place to be?

Design the two signs that you see on arriving at and leaving your village.

You could put on the signpost some information about important local places, and say what village it's twinned with.

11. Decide how far away your village is from the nearest big town, and design a signpost to show this.

12. Now invent a family who live in the village. Start with the children. Give them names (your teacher has a list) and decide how old they are. Draw or find pictures of them from some magazines if you like, and label them.

Then choose parents (one or two) and uncles and aunts for them. You can give them some cousins as well. If they don't all live in the same village, say where they do live.

Now they need some grandparents. Don't forget that there may be two sets of grandparents.

Saying what you're going to do

- The verb *aller* can be used in front of another verb to talk about your plans for the future.

13. Can you find the right box for each of these sentences?

A Je vais faire des photos.

B Tu vas voir Sophie.

C Il va aller chez Ibrahim.

D Elle va quitter ses amis.

E Nous allons voler à une vitesse de 947 kilomètres à l'heure.

F Vous allez voir le nouveau restaurant!

G Ils vont prendre l'avion.

H Elles vont aller à l'école ensemble.

1

2

3

4

5

6

7

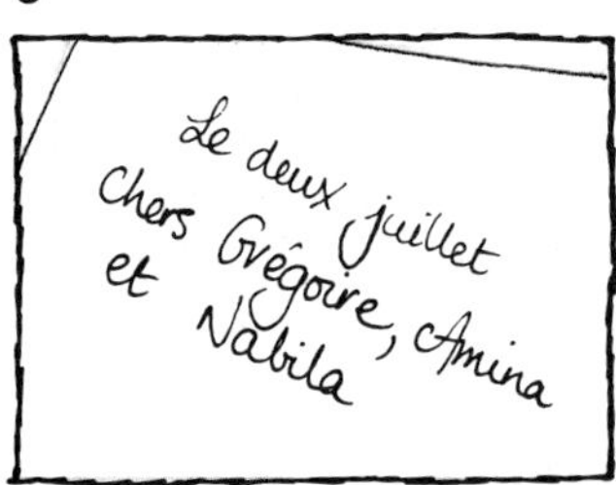

8

14. Now cover up the sentences and work with a partner. One of you says the number of a box and the other one tries to remember the sentence that goes with that picture.

TES OBJECTIFS

In this unit, you will learn how to . . .

. . . buy train tickets — *Un aller simple/un aller-retour en première/deuxième classe.*

. . . find out arrival and departure times for trains — *Le train pour . . . part/arrive à quelle heure?*

. . . find out platform numbers — *Le train pour . . . part de quel quai?*

. . . understand some travel signs and notices

courir

dormir

Grégoire Thireau, Amina et Nabila arrivent d'Abidjan. Ils sont en route pour Nantes. Maintenant, ils sont dans le métro, à Paris. Ils vont à la gare Montparnasse . . .

C'est Montparnasse. On descend ici.
N'oublie pas ton sac, Nabila.
SORTIE
Super, cette musique.
Buffet; patinoire; coiffeur, Ah! voilà ... SNCF.
On est au mois de septembre, mais il fait très froid en France.
Eh bien, mets ton pull-over.
Le train pour Nantes part à quelle heure?
20:03
DÉPARTS GRANDES LI
Alors... Le train pour Nantes part à 20 heures 15.
Ils n'ont pas beaucoup de temps.
Je vais acheter un journal.
Je vais aux toilettes. Nabila, est-ce que tu peux acheter les billets? Demande des allers simples...
BILLETS
Trois allers simples pour Nantes, s'il vous plaît. C'est combien?
648 francs, mademoiselle.
Je vais acheter une carte postale pour Ibrahim et Renaud. Je ne veux pas la Tour Eiffel! Cette vue est jolie.

Nabila cherche ses parents.

Mais... où sont-ils? Ah! les voilà! Dépêchez-vous...

Ils courent vers le train.

C'est quel quai pour Nantes, Grégoire?

ACCÈS AUX QUAIS

Quai numéro sept. Ça va, Nabila?

Oui, ça va. Zut! Ces bagages sont lourds.

Attention au départ...

Pardon, monsieur! C'est bien le train pour Nantes?

Oui, monsieur, mais dépêchez-vous.

Dans le train...

Il y a du monde dans ce train.

Excusez-moi, madame... ces places sont libres?

Non, monsieur. Je suis désolée. Elles sont réservées.

Ils sont enfin installés dans un compartiment.

Le train arrive à quelle heure?

Attends... à 23 heures 30.

C'est un voyage de trois heures à peu près.

Je suis fatigué. Je vais dormir un peu.

Je ne peux pas dormir dans le train, moi.

Est-ce que je vais aimer Nantes et la vie en France? Est-ce que je vais aimer Sophie..?

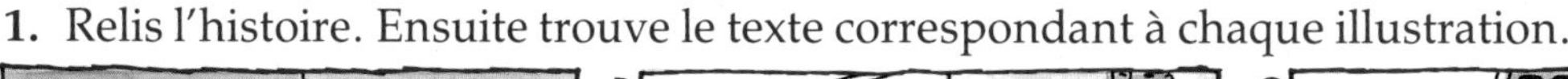

1. Relis l'histoire. Ensuite trouve le texte correspondant à chaque illustration.

A

B

C

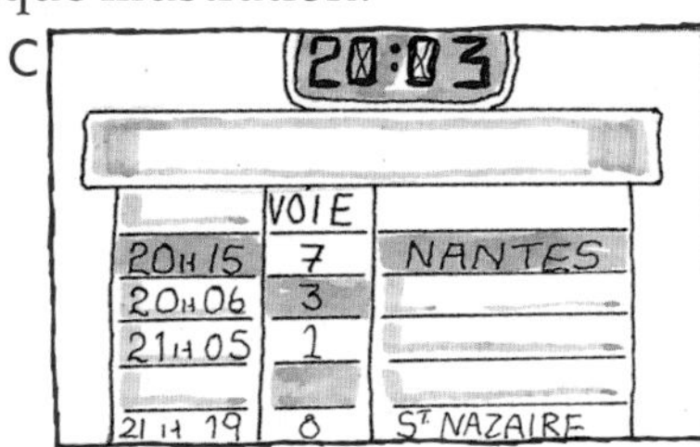

1 DÉPARTS GRANDES LIGNES

2 BILLETS

3 ACCÈS AUX QUAIS

Un billet pour Nantes, c'est combien?

2. Écoute ces conversations et écris le prix de chacun des billets dans ton cahier.

1 Un aller simple en deuxième classe.

2 un aller simple en première classe

3 un aller-retour en deuxième classe

4 un aller-retour en première classe

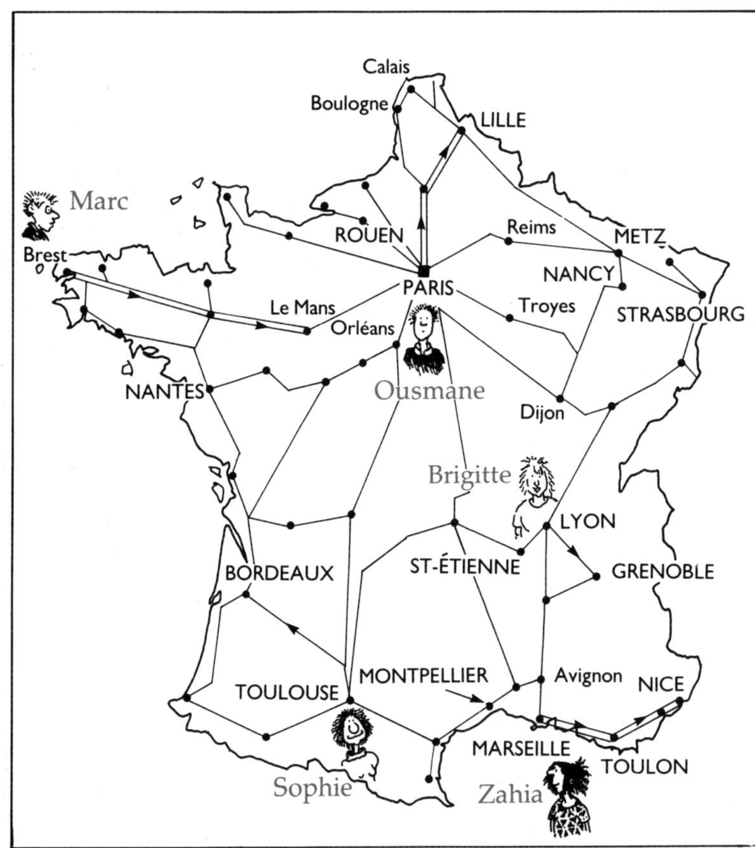

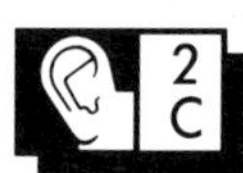

3. Cinq personnes achètent un billet. Dessine les cinq billets et en dessous, écris le nom de la personne qui fait le voyage.

Exemple:

Toulouse	2ème classe
BORDEAUX 40 francs	
aller simple	

Sophie

4. Travaille avec un(e) partenaire. Achète des billets pour les voyages ci-dessus. Demande le prix. Après, choisis une autre destination. Demande un billet:

– aller simple ou aller-retour?
– donne la destination
– en deuxième ou en première classe?
– demande le prix.

Ton/Ta partenaire doit dessiner ton billet. Ensuite, change de rôle.

À quelle heure part le train? Et de quel quai?

5. Marthe et Xavier travaillent au buffet de la gare. Quelquefois, les voyageurs demandent des renseignements, mais Marthe et Xavier donnent des réponses différentes. Regarde le tableau des départs. Pour chaque réponse, écris dans ton cahier le nom de la personne qui a raison.

Exemple:
1 *Le train pour Dijon.*
L'heure: Xavier Le quai: Marthe

DESTINATION	DÉPART	(ARRIVÉE)	QUAI
Dijon	9.40	(11.30)	6
Nice	10.15	(15.25)	3
Grenoble	12.00	(14.45)	5
Lyon	14.20	(16.15)	1
Avignon	15.10	(18.05)	4

6. Travaille avec un(e) partenaire. Choisis une de ces destinations et, *sans regarder ton livre*, demande l'heure de départ, l'heure d'arrivée et le numéro du quai.

7. Regarde les illustrations. Que répond l'autre personne? Trouve la réponse en bas de l'exercice.

Exemple:
A Cette place est libre?
5 Oui. C'est libre

A

B

C

D

E

F

Voici les réponses:

1. Quai numéro 3.

2. Il arrive à 8 h 30.

3. Le guichet est là, monsieur.

4. Il part à 5 h 10.

5. Oui. C'est libre.

6. Oui. C'est bien le train, mais attention au départ!

8. Écoute la conversation entre deux voyageurs, Stéphane et Catherine. Regarde le plan de la gare. Écris le numéro de chaque endroit mentionné. (Il y en a sept.)

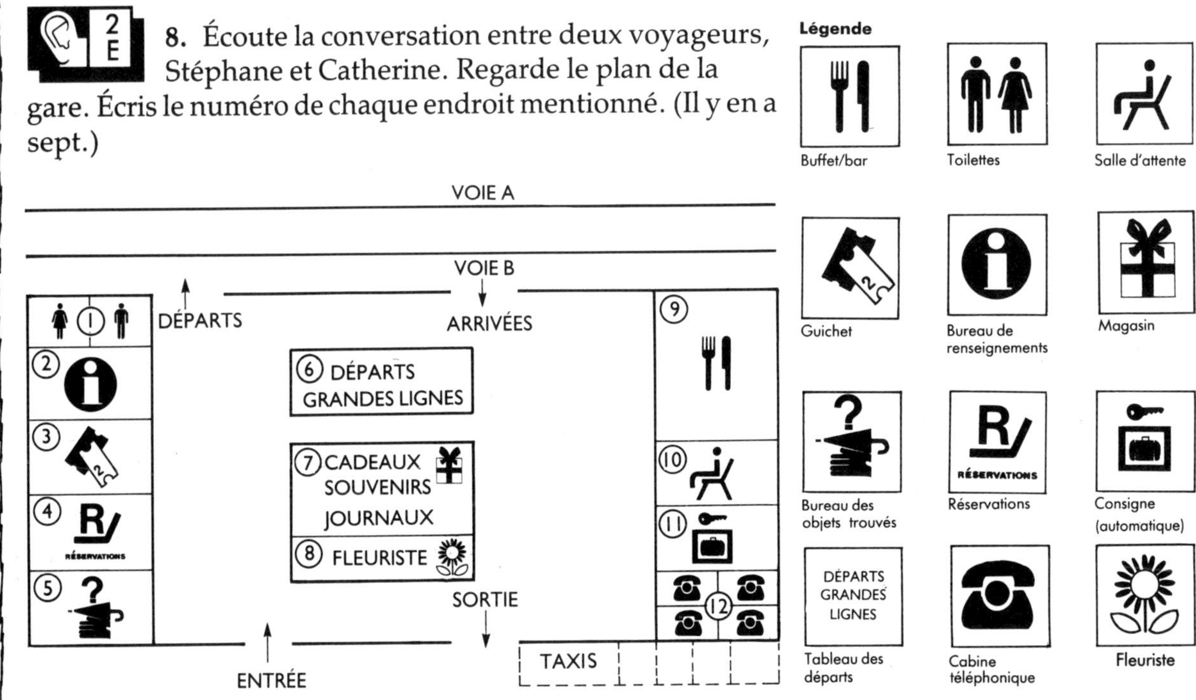

9. Travaille avec un(e) partenaire. Caroline travaille au bureau de renseignements de la gare SNCF. Elle a beaucoup de travail aujourd'hui. Aide Caroline. Complète les réponses aux questions de ces voyageurs. Avec un(e) partenaire, joue le rôle de Caroline et de ses client(e)s. (Remplace les symboles par des mots.)

a) **Question:** Où est le buffet, s'il vous plaît?
Réponse: C'est à côté de la

b) Où est la consigne, s'il vous plaît?
C'est à côté des

c) Où sont les toilettes, s'il vous plaît?
Elles sont à côté de ce

d) Je voudrais réserver un billet.
Allez aux

e) Je voudrais laisser mes bagages à la gare jusqu'à quatre heures.
Allez à la

f) Je voudrais acheter un cadeau.
Il y a un magasin en face du

g) Je dois téléphoner à Paris.
Il y a des téléphones en face du 

h) J'ai perdu mon parapluie.
Allez au

i) Je dois attendre deux heures.
Il y a une et un

j) C'est quel quai pour Bordeaux?
Regardez au DEPARTS GRANDES LIGNES près du

TON VILLAGE

La gare SNCF

There is a small railway station in your village. There are two daily trains to Paris and four to the nearest main town. Three people work at the station. A middle-aged woman works in the ticket office. The ticket collector (*le contrôleur*) is a man and is 60 years old. A younger man runs the kiosk in the station.

10. Dessine un plan de la gare. Il y a un guichet, une salle d'attente, un tableau des départs, des toilettes, deux quais et un kiosque avec des bonbons, des journaux et des livres.

11. Dessine un plan de la ligne de chemin de fer entre ton village et la ville voisine. Utilise les symboles ci-dessous.

Exemple:

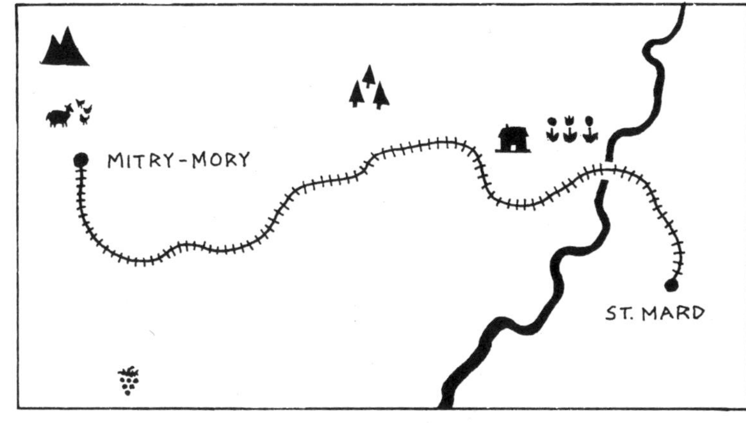

maison | jardin | rivière | plage | arbre | usine

vignes | colline | montagne | champ | forêt | ferme

12. Dessine une vue du train entre ton village et la ville voisine.

ne pas se pencher au dehors

Du train, on peut voir des champs et des collines.

13. Copie le tableau des départs. Choisis les heures de départ des six trains et note les heures sur le tableau.

TABLEAU DES DÉPARTS	
DESTINATION	HEURE

14. Ces trois personnes travaillent à la gare:
a) le contrôleur (c'est un homme de 60 ans)
b) l'employée au guichet (c'est une femme de 52 ans)
c) le patron du kiosque (c'est un homme de 26 ans).

Il y a aussi un chat.

Trouve des noms pour ces trois personnes et pour le chat. Dessine ces personnes à leur travail (et le chat).

15. Une femme arrive à la gare. Imagine les trois conversations suivantes:

a) Elle achète un billet au guichet. (Où va-t-elle?)
b) Elle demande au contrôleur l'heure du train.
c) Elle achète quelque chose au kiosque.

POINT LANGUE

This, that, these and those

- In English, if we want to be specific when we talk about something, we use **this** and **that** for one item, and **these** and **those** for more than one.
- In French, **this** and **that** are expressed by saying:
ce for *le* words
cet for *le* words that begin with a vowel or an 'h'
cette for all *la* words.
- **These** and **those** are expressed by saying *ces*.

Here are some more examples from this unit:
cette musique – this music
ces places – these seats
ce train – this train

16. Be specific about the following items by using either *ce, cet, cette* or *ces* as appropriate.

Here are the words to help you:
le café; l'histoire (f); l'homme (m); le voyage; la vue; les valises (f).

TES OBJECTIFS

In this unit, you will learn how to . . .

. . . enquire about accommodation/ facilities

Une chambre double; une chambre simple.
C'est pour combien de personnes?
Pour combien de nuits?
C'est complet.
Nous avons une réservation.
C'est à quel nom?
Il y a . . .; il n'y a pas de . . .

. . . ask for directions

Il y a une banque près d'ici?
C'est loin?

. . . understand directions

Tournez à gauche.
Prenez la première rue à droite.
Traversez . . .
Continuez tout droit.
Ce n'est pas loin.

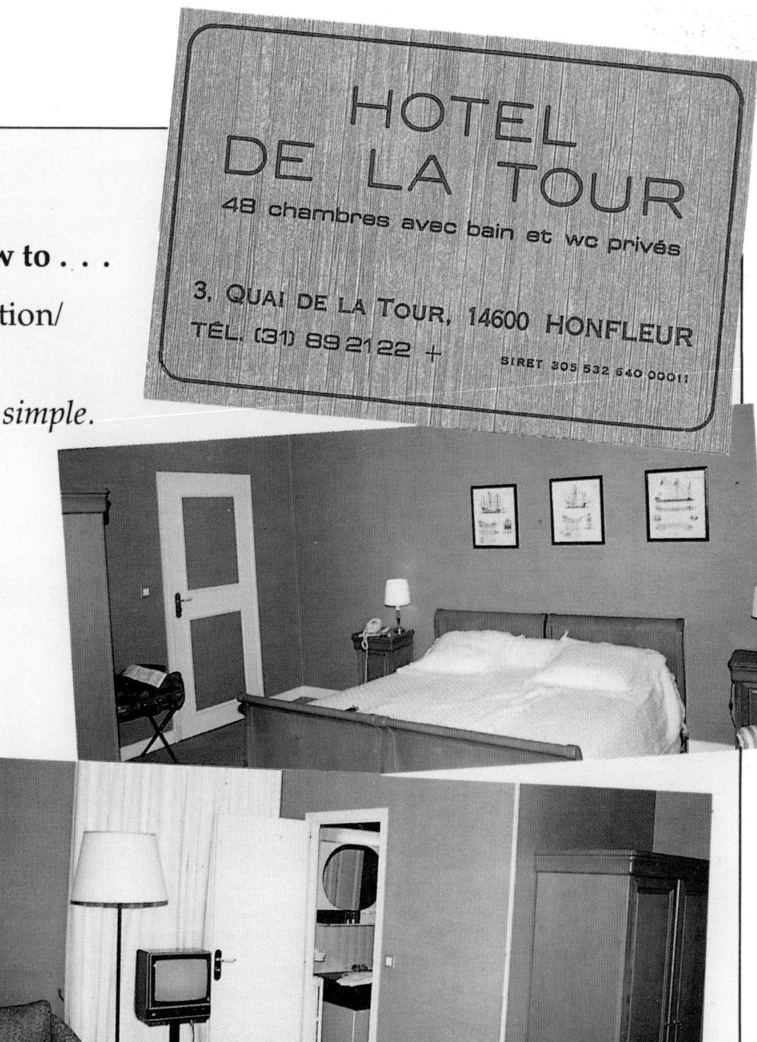

Grégoire et Amina Thireau vont à Nantes avec Nabila . . .

Mesdames, messieurs, nous arrivons à Nantes. Sept minutes d'arrêt...

Pour les taxis, c'est à droite. Regardez!

TAXIS

Nous allons à l'hôtel Armoric, rue du Marais...

D'accord. Montez!

ARMORIC

C'est combien?

Trente-cinq francs, madame ... Merci.

Mais regardez! C'est complet.

COMPLET

Pas de problème. Nous avons une réservation.

Monsieur?

Bonsoir. Nous avons une réservation.

C'est pour combien de personnes?

Pour trois personnes... Une chambre double et une chambre simple...

C'est à quel nom?

Thireau. T.H.I.R.E.A.U.

Vous avez les chambres 23 et 25... Venez avec moi... C'est au deuxième étage...
Vous êtes ici pour combien de nuits ?
Une nuit seulement.
oilà... La chambre 23 st à droite et la chambre 5 est à gauche.
Merci.
Regarde! Il y a une belle salle de bains.
Bof! Il n'y a pas de télévision!
Le lendemain matin.
Tu viens? On va à la banque...
... et je voudrais acheter des fleurs.
Il y a une banque près d'ici ?
Oui, c'est facile. Tournez à gauche et prenez la première rue à droite. Ce n'est pas loin...
Il y a un fleuriste près d'ici ?
Euh... Continuez tout droit et renez la deuxième rue à auche. Traversez la place et renez la première rue à auche.
C'est loin ?
Un peu, mais c'est un très bon fleuriste...

1. Où est la banque? Relis les pages 18 et 19 et choisis le bon dessin.
Dessin numéro 1, 2 ou 3?

Dessin numéro 1:

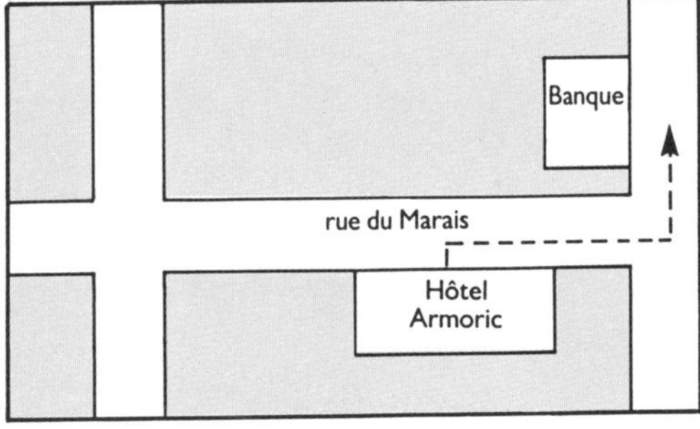

Dessin numéro 2:

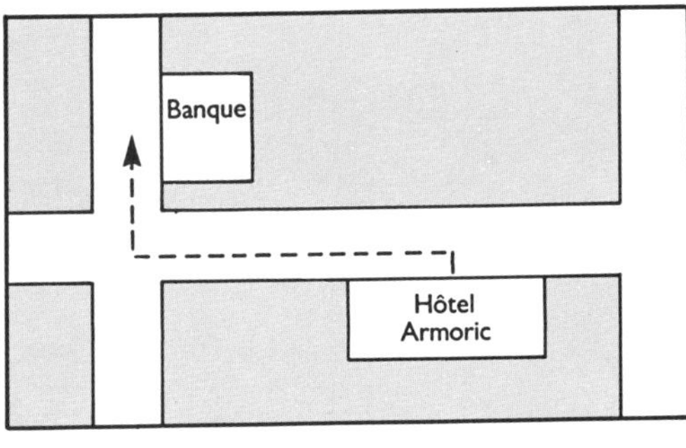

Dessin numéro 3:

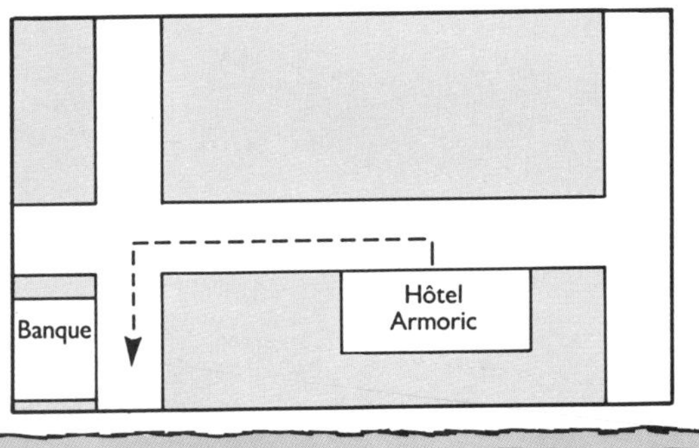

3. Écoute les trois conversations et trouve sur la carte:
- les Galeries Lafayette
- l'hôtel de Bretagne
- la Banque Populaire.

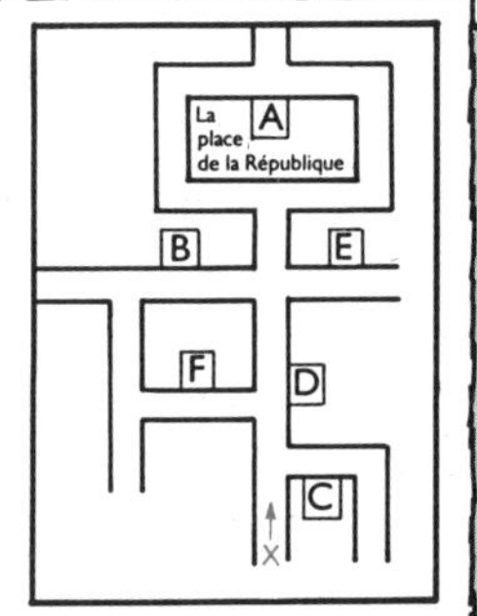

2. Quelle est la note de la famille Thireau?

A

* Hôtel Armoric *
10, rue du Marais
44000 NANTES
Tél. 40.47.49.08

Chambres 27 et 28
Nuits 2
chambre 27 240 F
chambre 28 300 F
Téléphone 30 F
Petits déjeuners 180 F

TOTAL 750 F

B

Hôtel
* Armoric *
10, rue du Marais
44000 Nantes
Tél. 40.47.49.08

Chambres:
23 et 25
Nuit(s): 1
Chambre 23 145 F
chambre 25 180 F
Pts Déjeuners 90 F
TOTAL 415 F

C

*** Hôtel Astoria ***
11, rue de Richebourg
44000 NANTES
Tél. 40.74.39.90

Nos de chambres 23 et 25
Nuits: 1
Chambre 23 260 FF
Chambre 25 205 FF
3 Petits Déj. 42 FF
Total à payer 507 FF

3C

4. L'hôtesse de l'office de tourisme a beaucoup de travail. Écoute ses quatre réponses et trouve les quatre questions correspondantes.

A Le château des Ducs, s'il vous plaît?

B S'il vous plaît! Où est la cathédrale?

C Où est le théâtre?

D L'école des Beaux-Arts, s'il vous plaît?

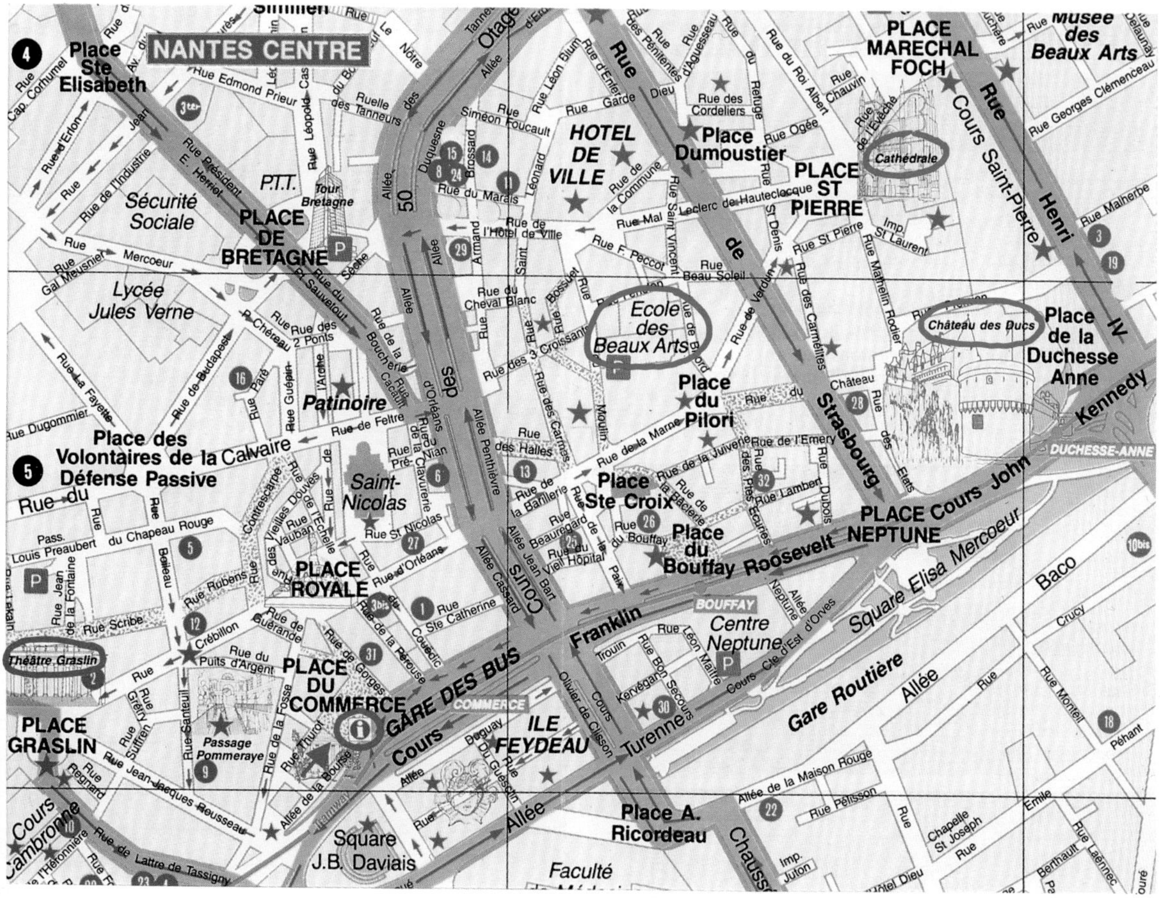

NANTES CENTRE

Place Ste Elisabeth
Sécurité Sociale
PLACE DE BRETAGNE
Tour Bretagne
Lycée Jules Verne
Patinoire
Place des Volontaires de la Défense Passive
Saint-Nicolas
PLACE ROYALE
Théâtre Graslin
PLACE GRASLIN
Passage Pommeraye
PLACE DU COMMERCE
GARE DES BUS
ILE FEYDEAU
Square J.B. Daviais
HOTEL DE VILLE
Place Dumoustier
Ecole des Beaux Arts
Place du Pilori
Place Ste Croix
Place du Bouffay
Centre Neptune
PLACE MARECHAL FOCH
Cathédrale
PLACE ST PIERRE
Musée des Beaux Arts
Château des Ducs
Place de la Duchesse Anne
PLACE NEPTUNE
Cours John Kennedy
Cours Franklin Roosevelt
Cours Saint-Pierre
Rue de Strasbourg
Cours Henri IV
Square Elisa Mercoeur
Gare Routière
Place A. Ricordeau
Faculté

5. Travaille avec un(e) partenaire. **A** travaille à l'office de tourisme. **B** est touriste et voudrait aller:

a) au théâtre

b) à la cathédrale.

Maintenant, **B** travaille à l'office de tourisme. **A** est touriste et voudrait aller:

a) au château des Ducs

b) à l'école des Beaux-Arts.

3 D

HÔTELS	ADRESSES	TÉL.	Télex	Nbre de chambres Total	Bain ou douche	Cabinet toilettes	Rest.	Ouvert	CONFORT
NANTES 44000 (E5) (Ville et Agglomération)									
*** **Astoria**	*11 rue Richebourg*	40 74 39 90	–	45	42	3	–	TA sf 8	P [Tél.] [Chiens] [Groupes] [Agence] TV [Ascenseur]
*** **Bourgogne**	*9 allée du Cdt Charcot*	40 74 03 34	–	42	42	–	–	TA	[Tél.] [Chiens] [Groupes] [Séminaires] [Agence] [Ascenseur]
*** **Central** MAP	*4 rue du Couëdic*	40 20 09 35	700.666	125	119	6	[Restaurant]	TA	P [Tél.] [Chiens] [Groupes] [Agence] TV [Ascenseur]
*** **France** FA	*24 rue Crébillon*	40 73 57 91	700.633	76	76	–	[Restaurant]	TA	P [Tél.] [Chiens] [Groupes] [Séminaires] [Agence] TV [Ascenseur]
*** **Jules Verne**	*3 rue du Couëdic*	40 35 74 50	701.166	65	65	–	–	TA	[Tél.] [Groupes] [Agence] TV [Ascenseur] [Handicapés]
*** **L'Hôtel**	*6 rue Henri IV*	40 29 30 31	–	31	31	–	–	TA	P [Tél.] [Chiens] [Agence] [Ascenseur]
*** **La Lande St Martin** INT	*Route de Poitiers - RN 149 13 km S.E. - Hte Goulaine*	40 80 00 80	700.520	39	30	9	[Restaurant]	TA	P [Tél.] [Chiens] [Groupes] [Séminaires] [Agence] TV [Ascenseur]
*** **Mercure-Atlantel**	*Rte de Vannes/Sautron - 17 km O.*	40 57 10 80	711.823	94	94	–	[Restaurant]	TA	P [Tél.] [Chiens] [Groupes] [Séminaires] [Agence] TV [Handicapés] [Piscine] [Tennis]
*** **Novotel** NOV	*Allée des Sapins - N23, 10 km E*	40 52 64 64	711.175	98	98	–	[Restaurant]	TA	P [Tél.] [Chiens] [Groupes] [Séminaires] [Agence] TV [Handicapés] [Piscine] [Forêt]
*** **Pullman-Beaulieu** FRA	*3 rue du Dr Zamenhof - Beaulieu*	40 47 10 58	711.440	150	150	–	[Restaurant]	TA	P [Tél.] [Chiens] [Groupes] [Séminaires] [Agence] TV [Ascenseur] [Bords de mer]
*** **Vendée**	*8 allée du Cdt Charcot*	40 74 14 54	700.610P	90	89	1	–	TA	P [Tél.] [Chiens] [Groupes] [Séminaires] [Agence] TV [Ascenseur]

6. a) Écoute les trois conversations et remplis la grille.
b) Regarde la liste des hôtels. Madame Mollière téléphone aux trois hôtels, mais dans quel ordre? Compare ta grille avec la liste des hôtels.

Hôtel	restaurant	parking	télé	téléphone	accessible aux handicapés	salle de bains
1						
2		**Copie cette grille dans ton cahier.**				
3						

7. Quel hôtel choisit-elle? Devine.

L'hôtel

There is a hotel in your village. Like most hotels, it has its own business cards, writing paper, maps and brochures to give to customers.

8. Comment s'appelle l'hôtel?
Quelle est l'adresse?
Quel est le numéro de téléphone?
Dessine le papier à lettre de l'hôtel.

LE PARC DES MARECHAUX
HOTEL ** NN
6, Avenue Foch 89000 AUXERRE

HOTEL DE FRANCE, 1, place St-Jacques ....
HOTEL DE LA GARE, 20, place de la Gare ....
HOTEL DE PICARDIE, 75, chaussée de Picardie ....
HOTEL DE LA POSTE, 5, rue de la Poste ....
LE RELAIS FLEURI, 80460 Oust Marest - Ind. Tél. (22) ....

HOTEL DU COMMERCE, place Gaston-Samson ....

HOTEL D'ANGLETERRE, 93, rue de la Plage ....
HOTEL DE LA MER, boulevard Albert-1er..................
HOTEL DE LA POSTE, 4, avenue Gambetta ....
HOTEL MODERNE DE LA GARE, 3, avenue Gambetta ....
HOTEL DE LA PLAGE, 87, rue de la Plage ....
HOTEL DE L'UNIVERS, 5, place St-Etienne..................
LES EMBRUNS, 73, boulevard Albert-1er ....
HOTEL DU COMMERCE, 28, place Bigot..................
HOTEL MARTIN, 18, place St-Etienne ....
HOTEL DU PROGRES, 3, quai de la Vicomté ....
AU P'TIT BAR, rue des Prés..................
● AUBERGE DE LA ROUGE, route du Havre - St Léonard ....
HOTEL DES TOURISTES, Grainval - St Léonard..................

AUBERGE DE L'ANDELLE, Route de Dieppe ....
HOTEL CONTINENTAL, 110, avenue des Sources ....
HOTEL DU PARC, 110, avenue des Sources ....
HOTEL DU CYGNE, rue de la Libération ....
HOTEL DE LA GARE, 57, rue du Maréchal-Leclerc ....
HOTEL DE LA GARE - Serqueux ....
● HOTEL DE LA PAIX, rue de Neufchâtel ....
HOTEL SAINT DENIS, rue de la Libération ....

10. Comment est cet hôtel?
Il y a combien de chambres?
Il y a un parking?
Il y a un restaurant?
Il y a une piscine?
Il y a un ascenseur?
Il y a des chambres accessibles aux handicapés physiques?
Il y a la télévision dans les chambres?
Il y a le téléphone dans les chambres?

Dessine une brochure publicitaire pour l'hôtel.

Situé en plein centre de Paris, sur le plus agréable des Grands Boulevards, à 50 m de la place de l'Opéra, au centre des affaires, des Grands Magasins et des salles de spectacle, le London Palace Hôtel vous propose des séjours placés sous le signe de la courtoisie et d'un certain art de vivre. Ses 50 chambres de grand confort ont toutes salle de bains ou douche, TV couleur, téléphone direct. Service télex assuré. A proximité : parking et nombreux restaurants et cinémas. A partir de la place de l'Opéra : bus, métro ; RER, le transport le plus rapide en direction de La Défense, des banlieues Sud et Est et de l'aéroport de Roissy.

11. Certains habitants du village travaillent à l'hôtel.
Comment s'appellent-ils?
Quel âge ont-ils?
Qu'est-ce qu'ils font à l'hôtel?

9. Où est cet hôtel exactement? Dessine un plan du village: est-ce qu'il y a un théâtre? Est-ce qu'il y a un château? Est-ce qu'il y a une cathédrale? Indique la position de l'hôtel par rapport à la gare, au château, etc.

12. Un client/Une cliente arrive à l'hôtel. Il/Elle veut une chambre pour combien de personnes? Pour combien de nuits?

Imagine la conversation avec le/la réceptionniste.

POINT LANGUE

Imperatives

● When you want to give an order or give directions, you use the **imperative.**

Example:
tu regardes → regarde!
vous regardez → regardez!

tu prends → prends!
vous prenez → prenez!

13. Can you find other examples of imperatives in this unit?

Au, à l', à la, aux

● The four ghosts on the left all say where they are going. They all start with *je vais*. But can you work out why *je vais* is not followed by *à* in all four examples?

14. Can you find similar examples in this unit?

Apostrophes

● There are five **apostrophes** in these speech bubbles. Can you see them? Can you work out why they are needed?

15. Re-read the story on pages 18 and 19. For each word you can find with an apostrophe, say what letter it replaces and write out the full word in your exercise book.

● Apostrophes are not the same as accents! Accents go on vowels: a, e, i, o and u. Apostrophes go between letters. In fact, they are always between a consonant and a vowel, or between a consonant and a silent 'h'.

TES OBJECTIFS

In this unit, you will learn how to . . .

. . . buy flowers

Vous en voulez combien?

Je voudrais des roses, s'il vous plaît.

J'en prends onze, s'il vous plaît.

. . . change money in a bank

Je voudrais changer des chèques de voyage, s'il vous plaît.

Votre passeport, s'il vous plaît.

. . . buy stamps

Pour envoyer une carte postale en Irlande, c'est combien, s'il vous plaît?

C'est deux francs.

. . . order drinks in a café

Je prends un chocolat chaud, s'il vous plaît.

Un Orangina, s'il vous plaît.

Un grand crème.

Un café, s'il vous plaît.

Dans le magasin de fleurs . . .

Mais . . . c'est vous!

Oui, mademoiselle. C'est mon magasin.

Ah bon! Alors . . . Je voudrais des roses, s'il vous plaît.

Bien sûr, monsieur. C'est pour une dame? Vous voulez des roses rouges?

C'est pour ma mère, madame. Alors, j'en prends de toutes les couleurs.

C'est pour votre mère? Elle est malade? Vous en voulez combien?

Je vais en prendre neuf, s'il vous plaît. Non, non, ma mère n'est pas malade. Elle n'est jamais malade.

Vous acceptez la carte bleue?

Mais naturellement, monsieur. Ça vous fait 99 francs.

Pendant ce temps, Amina est à la banque.

Je voudrais changer des chèques de voyage, s'il vous plaît.

CHANGE

Bien sûr, madame. Vous voulez en changer combien?

Mille francs, s'il vous plaît.

Votre passeport, s'il vous plaît.

Signez ici, s'il vous plaît, madame, et passez à la caisse.

Et voilà, madame. Merci.

Ça y est?

CAISSE

CAFÉ DE LA RÉPUBLIQUE
On va prendre un pot ?
ui, pourquoi pas? Et puis on a téléphoner à Christian et stelle en même temps.
Au café.
Pour envoyer une carte postale en Côte d'Ivoire, c'est combien ?
C'est 3F 60.
Et pour une lettre, c'est combien ?
3F 60 aussi. Vous en voulez combien ?
Je voudrais sept timbres à 3F 60, s'il vous plaît.
Un grand crème, un café et un chocolat chaud, s'il vous plaît.
Je suis désolé. Il n'y a plus de chocolat.
Alors, qu'est-ce que tu prends, Nabila?
Je prends un Orangina.
Tu exagères un peu Nabila.
Je n'exagère rien du tout.
Non, non, non. Bien sûr que non. Tu n'exagères jamais.
On peut avoir l'addition, s'il vous plaît, monsieur?
TÉLÉPHO
Allô, c'est toi, maman? Oui, c'est moi. Oui - pas de problème. On arrive dans une demi-heure, d'accord? À bientôt!

1. Copie cette grille dans ton cahier et écoute les cinq conversations. Après chaque conversation, remplis la colonne correspondante.

2. À la fin de chaque conversation, le/la client(e) doit faire trois choses. Qu'est-ce qu'il/elle doit faire?

		1	2	3	4	5
Eurochèque						
Chèque de voyage						
Devises:	francs belges (FB)					
	francs suisses (FS)					
	Deutschmarks (DM)		**Copie cette grille dans ton cahier.**			
	livres sterling (£)					
	dollars américains ($)					
Combien?						
Combien en francs français?						

CHANGE

	DEVISES	ACHAT	VENTE
États-Unis	1 dollar	6,05	6,45
R.F.A.	100 D.mark	330	350
Belgique	100 francs	15,70	16,70
Italie	1000 lires	4,40	4,90
Gde-Bretagne	1 livre	10,80	11,50
Irlande	1 livre	8,75	9,45
Pays-Bas	100 florins	292	312
Espagne	100 pesetas	5,20	5,70
Portugal	100 escudos	3,70	4,40
Suède	100 couronnes	96,00	102,20
Djibouti	100 francs	1,50	3,60

CHANGE

	DEVISES	ACHAT	VEN
États-Unis	1 dollar	5,95	6,3
R.F.A.	100 D.mark	324,50	344,5
Belgique	100 francs	15,70	16,7
Italie	1000 lires	5,10	5,5
Gde-Bretagne	1 livre	10,50	11,2
Irlande	1 livre	8,75	9,45
Pays-Bas	100 florins	290	310
Espagne	100 pesetas	5,60	6,10
Portugal	100 escudos	3,65	4,35
Suède	100 couronnes	95,50	101
Djibouti	100 francs	1,50	3,60

3. Tu vas à quelle banque si tu veux changer:

a) des Deutschmarks?
b) des couronnes suédoises?
c) des livres sterling?
d) des lires italiennes?
e) des pesetas espagnoles?

4. Travaille avec un(e) partenaire. Vous êtes à la Banque Nationale de Paris. **A** veut changer de l'argent en francs français. **B** est le caissier/la caissière.

Exemple:
A: *Je veux changer des couronnes suédoises.*
B: *Bien sûr, monsieur/madame. Vous voulez en changer combien?*
A: *Cent.*
B: *Ça vous fait 96 francs français.*

5. Écoute les conversations.
a) Quel(le) client(e) achète quelles fleurs?
b) Note les prix
c) Choisis une carte pour chaque bouquet.

A

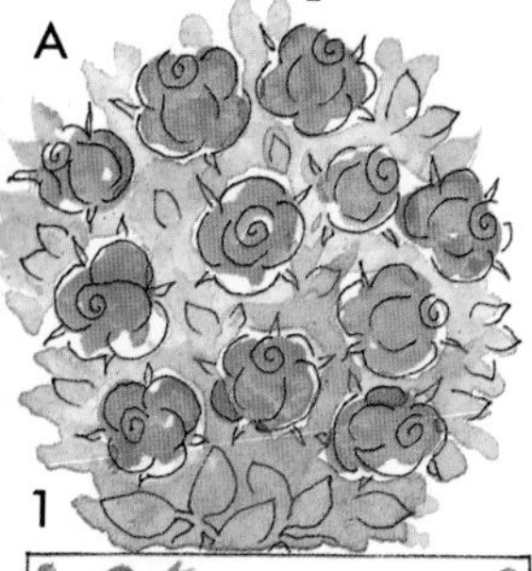

B

C

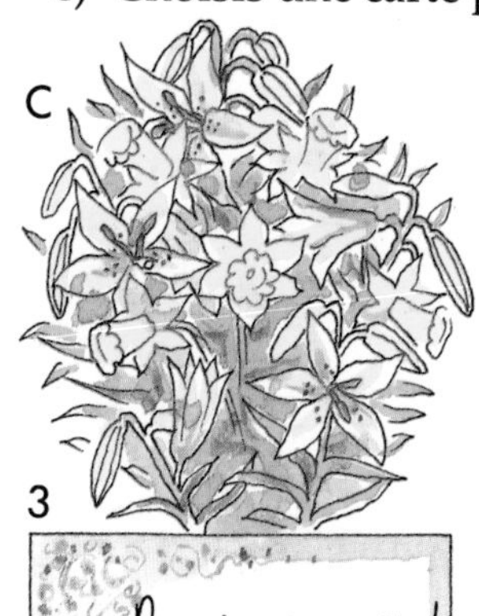

D

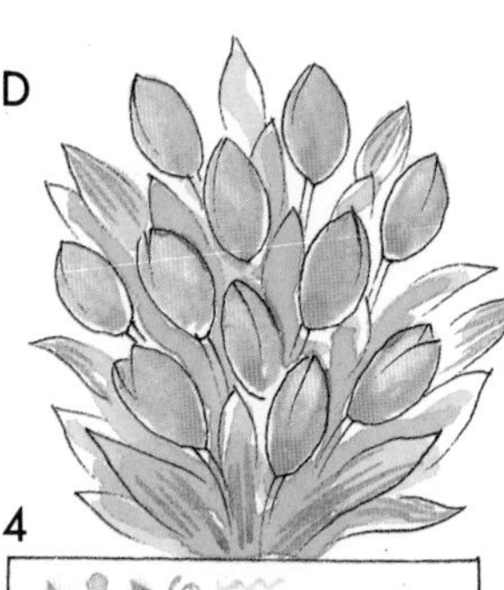

1 Félicitations!

2 À notre tante bien-aimée

3 Remets-toi vite!

4 Bon anniversaire!

6. Travaille avec un(e) partenaire. Regardez les fleurs et faites ce jeu.

Exemple:
A: *Il y en a cinq.*
B: *Euh . . . les jonquilles.*
(C'est plus difficile si **B** ne regarde pas les fleurs!)

4
D

7. Écoute les conversations.
a) Note combien cela coûte pour envoyer ces lettres et ces cartes postales.
b) Quels timbres est-ce que tu vas coller sur chaque lettre ou carte postale?

A

Cher Chris
On passe quelques jours ici à Nantes. Il y a beaucoup de choses à voir et on s'amuse bien.
Grosses bises,
Chantal

Chris Jones
6 Dundas Street
Edimbourg
Écosse

B

Nathalie Talon
29 Boulevard de l'Opéra
Québec
Canada.

C

Salut Pascale!
Comment ça va? Moi, je m'amuse bien ici en France. On va à la plage cet après-midi.
A bientôt!
Solange

Pascale Césaire
54 rue Saint Martin
Pointe-à-Pitre
Guadeloupe

D

Idrissa Diop
14 rue de la République
BP 400 Dakar
Sénégal.

8. a) Écris ces listes en toutes lettres. ***Exemple:*** *1b. = une bière*
b) Quelle liste correspond à chaque plateau?

A
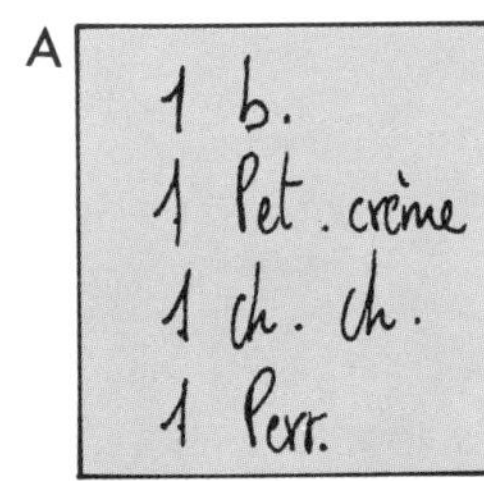

B
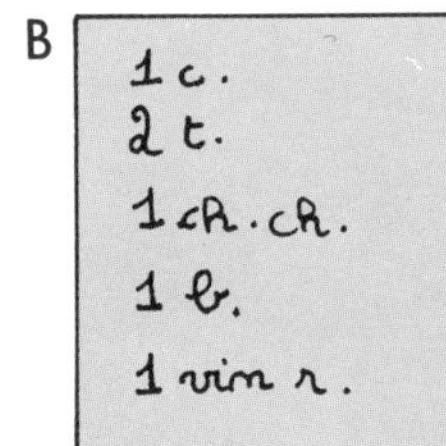

C
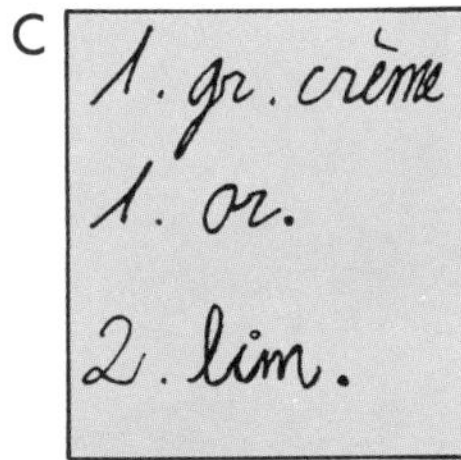

1

2

3

9. a) Identifie les silhouettes.
b) Travaille avec un(e) partenaire.
A dit le nom d'une boisson.
B doit dire la lettre.

A

F

B

G

C

H

D

I

E

J

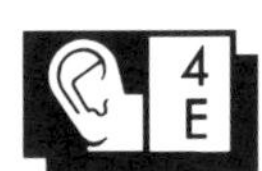

10. Tu es serveur/serveuse. Tu dois servir cinq tables. Dessine cinq plateaux. Sur chaque plateau, écris un chiffre de 1 à 5. Écoute les conversations. Note les commandes des clients en employant des abréviations. Ensuite, dessine les boissons sur chaque plateau.

11. Montre tes dessins à ton/ta partenaire. Est-ce qu'il/elle reconnaît les boissons?

12. Voici deux additions. Elles sont pour quelles tables?

A

un Perrier	14
deux cafés	14
une bière	12
Total	40F

B

deux bières	24
un vin rouge	6
un café	7
Total	37F

Le café

Decide on a name for the *café* in your village and design the outside of it. On the right are a few examples from *cafés* in Nantes.

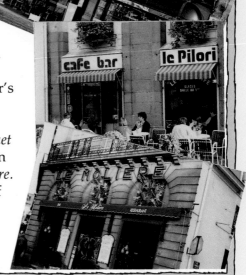

Sometimes they're named after famous people: *Le Molière.* (Molière wrote plays – this *café* is near the theatre.) Sometimes the name tells you something about the owner's interests: *le Tie-Break.* Sometimes they're named after the street that they're in: *le Franklin, le Café du Commerce.* Sometimes they're called after animals: *la Cigale, le Perroquet Bleu.* Sometimes they're called after whatever they happen to be near: *le Café du Marché, le Café de la Poste, le Café de la Gare.* Sometimes they have the word *brasserie* or *bistro* instead of *café.*

13. Prépare une liste des prix pour ton café.

14. Comment s'appelle le patron/la patronne?

Dessine l'intérieur du café:
– le patron/la patronne est derrière le bar. Dessine le percolateur et les bouteilles.

– le patron/la patronne discute avec un client: le client est un membre de ta "famille". Que boit le client? Écris la conversation entre le client et le patron/la patronne.

15. Il y a un groupe de jeunes dans le café. Comment s'appellent-ils? (Demande à tes camarades de classe: les jeunes habitent tous dans le village.) Que boivent-ils?

Exemple: *Fabrice Provost prend un café.*

16. Comment s'appelle le serveur? Écris la conversation entre le serveur et les jeunes. Ensuite, prépare l'addition.

17. Un client/Une cliente arrive au tabac. Il/Elle n'habite pas au village. Comment s'appelle-t-il/elle? Qu'est-ce qu'il/elle achète? Écris la conversation.

Exemple: *Je voudrais des timbres, s'il vous plaît.*

The pronoun *en*
What are these animals talking about?

The word *en* means something like 'of it' or 'of them'. It's very often used when you're answering a question, to avoid repeating part of the question.

Example:
Vous avez des croissants? *Oui, j'en ai.*
Vous voulez du vin? *Non, je n'en veux pas.*

What does *j'en veux* at the top of the ice-cream advertisement mean? Can you work out what question must have been asked?

Some other negatives

Now you have three new negative expressions to add to *ne . . . pas.*

ne . . . rien ***ne . . . jamais*** ***ne . . . plus***

Which of them do you think means:

(a) never/ever
(b) no more/any more
(c) nothing/anything?

5 A

C'est mercredi. Sophie attend l'arrivée de son père cet après-midi. Ce matin, elle doit aller au collège mais elle est très distraite . . .

Excusez-moi, mademoiselle. Pour aller au centre-ville, s'il vous plaît ?

BHK 523Y

Comment ? Le centre-ville ? Euh ... Attendez ... Tournez à gauche au supermarché, non, je suis bête... tournez à droite au supermarché. Puis continuez tout droit pendant un kilomètre, non, deux kilomètres et voilà.

Merci, mademoiselle.

Je vous en prie.

Regardez le tableau. Aujourd'hui on continue les problèmes d'algèbre. Sophie, viens au tableau. Fais cette opération, s'il te plaît.

Alors, Sophie ? x + y = z. Si x = 10, et z = 22, y = ... ?

x + y = z si x = 10
et z = y =

Euh... Je ne sais pas, madame.

Good morning. We are revising the time. Turn to page 49 in your books please.

Quelle page ?

Quarante-neuf.

And what is the time now ... Sophie?

Es ist halb zehn.

Tu veux un petit gâteau ? Ils sont délicieux.

Non, merci. J'en ai déjà mais je n'ai pas faim.

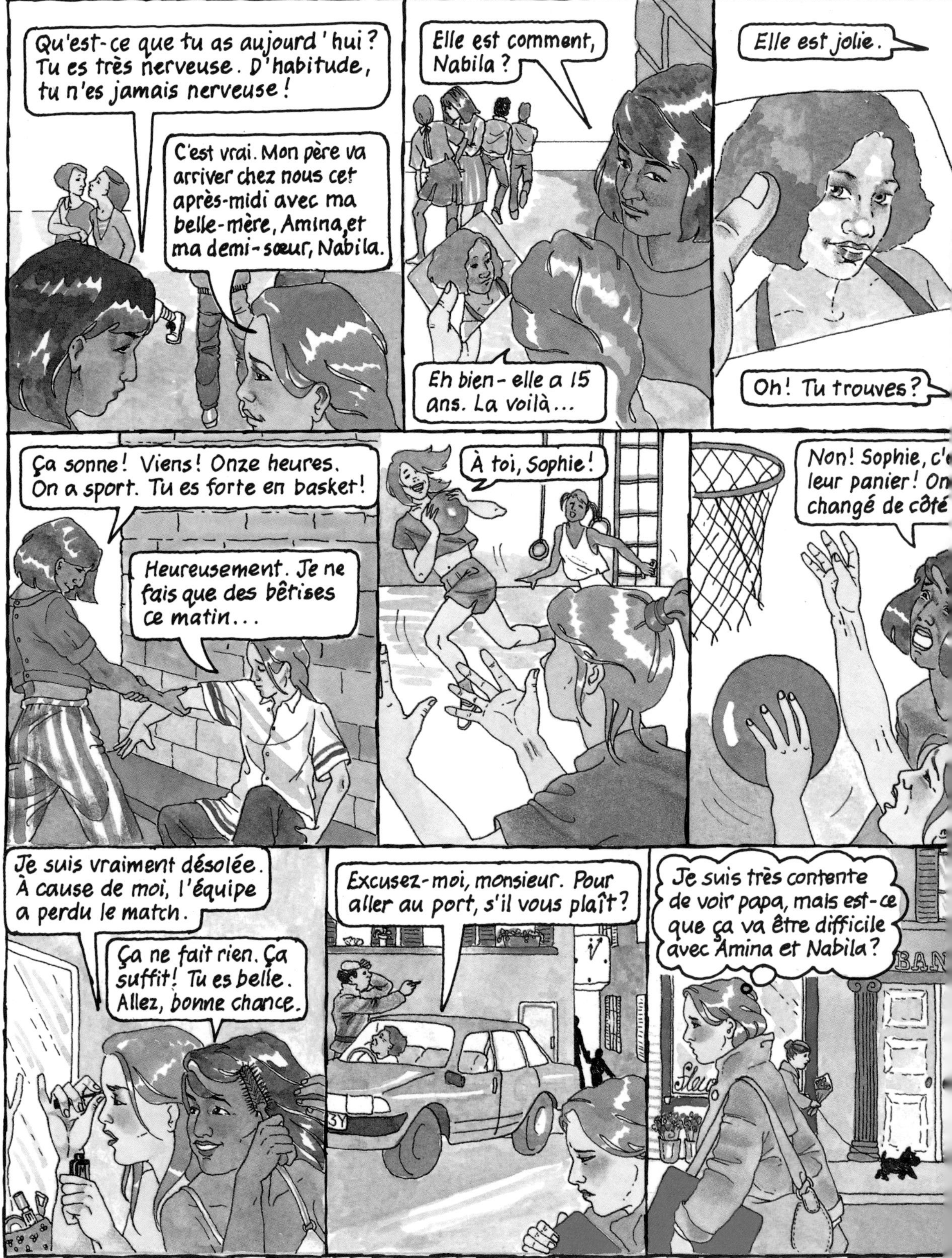
Qu'est-ce que tu as aujourd'hui? Tu es très nerveuse. D'habitude, tu n'es jamais nerveuse!
C'est vrai. Mon père va arriver chez nous cet après-midi avec ma belle-mère, Amina, et ma demi-sœur, Nabila.
Elle est comment, Nabila?
Eh bien - elle a 15 ans. La voilà...
Elle est jolie.
Oh! Tu trouves?
Ça sonne! Viens! Onze heures. On a sport. Tu es forte en basket!
Heureusement. Je ne fais que des bêtises ce matin...
À toi, Sophie!
Non! Sophie, c'
leur panier! On
changé de côté
Je suis vraiment désolée. À cause de moi, l'équipe a perdu le match.
Ça ne fait rien. Ça suffit! Tu es belle. Allez, bonne chance.
Excusez-moi, monsieur. Pour aller au port, s'il vous plaît?
Je suis très contente de voir papa, mais est-ce que ça va être difficile avec Amina et Nabila?

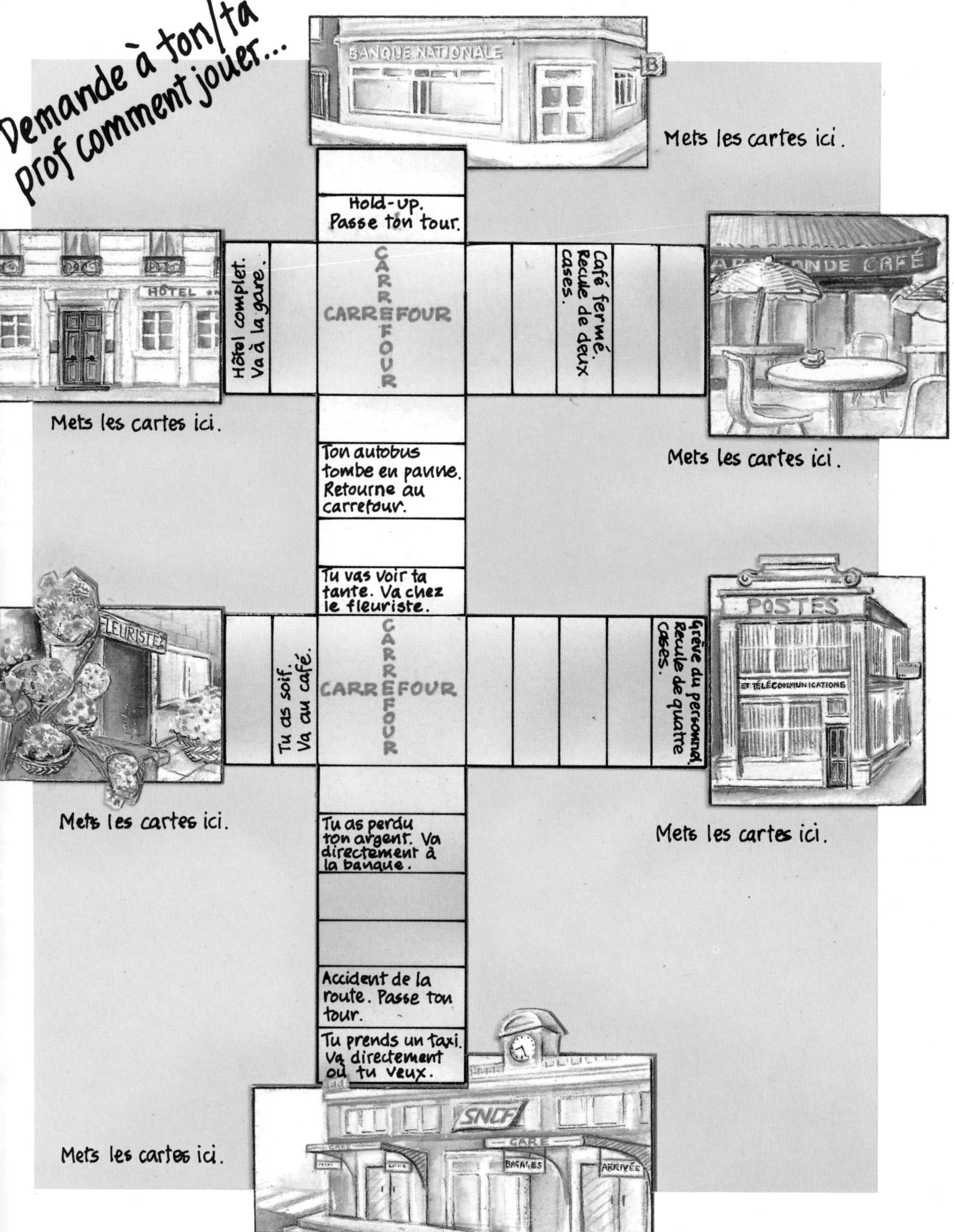
Demande à ton/ta prof comment jouer...
BANQUE NATIONALE
Mets les cartes ici.
Hold-up. Passe ton tour.
HÔTEL
Hôtel complet. Va à la gare.
CARREFOUR
CARREFOUR
Café fermé. Recule de deux cases.
GRANDE CAFÉ
Mets les cartes ici.
Mets les cartes ici.
Ton autobus tombe en panne. Retourne au carrefour.
Tu vas voir ta tante. Va chez le fleuriste.
FLEURISTE
Tu as soif. Va au café.
CARREFOUR
CARREFOUR
Grève du personnel. Recule de quatre cases.
POSTES
ET TÉLÉCOMMUNICATIONS
Mets les cartes ici.
Mets les cartes ici.
Tu as perdu ton argent. Va directement à la banque.
Accident de la route. Passe ton tour.
Tu prends un taxi. Va directement où tu veux.
SNCF
GARE
BAGAGES
ARRIVÉE
Mets les cartes ici.

TES OBJECTIFS

In this unit, you will learn how to . . .
. . . give and accept presents

J'ai apporté quelque chose pour toi/vous.
Merci, c'est gentil.

. . . talk about what you've seen, done and said, and the places you've visited

J'ai vu . . .; j'ai fait . . .; j'ai dit . . .; j'ai visité . . .

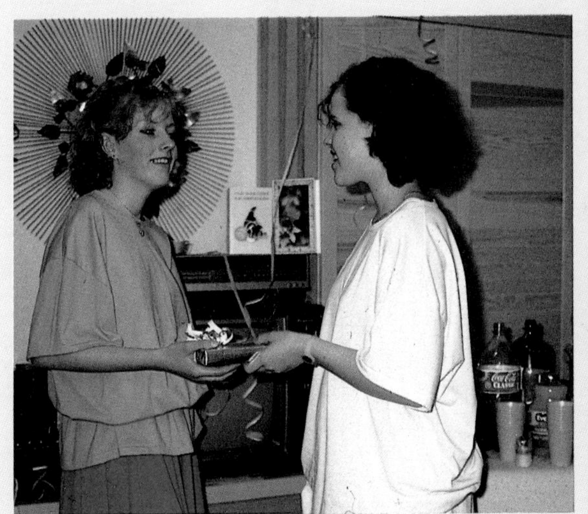

Le jeu des conséquences

Napoléon a rencontré	Napoleon met
Jeanne d'Arc	Joan of Arc
à la piscine	at the swimming pool
Il a dit : « J'ai oublié mon parapluie »	He said "I've forgotten my umbrella
Elle a dit : « Tu as apporté les chips ? »	She said "Have you brought the crisps ?"
La conséquence : Ils ont visité la Tour Eiffel	The consequence : They visited the Eiffel Tower.

6 A

Grégoire, Amina et Nabila arrivent . . .

Entrez, entrez. Ça va ? Vous avez fait bon voyage ?

Bonjour, papa. Bonjour, maman. Tiens – les fleurs sont pour toi.

Merci Grégoire, c'est gentil.

Bonjour, Sophie. Tu as beaucoup changé !

Bien sûr que j'ai changé ! Je n'ai plus douze ans !

Je vous présente Amina.

Bonjour, Amina. On est très heureux de faire votre connaissance. On a vu les photos de votre mariage, bien sûr, mais...

Vous êtes beaucoup plus jolie.

Et toi, tu es Nabila ! Grégoire a beaucoup parlé de toi dans ses lettres.

Bonjour.

Et voici Sophie. Vous allez être de très bonnes copines.

Bonjour, Nabila.

Nabila – tu as apporté quelque chose pour Sophie.

Voici un disque pour toi.

Merci, c'est gentil.

Cheb Khaled. Qui est-ce ?

Tu ne connais pas Cheb Khaled ? C'est un chanteur algérien. Il est très, très célèbre.

Et moi aussi, j'ai quelque chose pour toi, Sophie.

Une robe ivoirienne ! Elle est très belle !

Ça, c'est pour vous, madame.

Des boucles d'oreille! Merci, Amina. Elles sont magnifiques!

Et voici pour toi, papa.

Où est-ce que vous avez trouvé ça ?

À Abidjan, bien sûr.

À table, tout le monde! On va manger au restaurant.

Mets-toi à côté de Nabila.

J'ai fait de la soupe de poissons. Vous aimez ça, Amina?

Ah oui, j'aime beaucoup ça.

Et toi, Nabila, tu aimes ça ?

Euh ... je ...

Oui, elle adore la soupe de poissons.

Vous voulez du muscadet, Amin

Je suis désolée, mais je ne bois pas d'alcool.

Alors, tu n'as jamais visité l'Afrique ?

Non, mais papa a parlé d'Abidjan dans ses lettres, alors ...

Ah bon! Moi, je suis idiot! Merci, c'est gentil.

Je n'ai pas dit ça!

Tu es complètement ridicule!

C'est toujours comme ça dans les restaurants français?

Ne fais pas l'imbécile!

J'en ai marre! Je m'en vais!

Non, non, pas toujours!

1. Réponds aux questions sans regarder le texte:

a) Qui a dit: «Vous avez fait bon voyage?»
b) Qui a dit: «Bonjour, Sophie. Tu as beaucoup changé!»?
c) Qui a dit: «Tu ne connais pas Cheb Khaled?»
d) Qui a dit: «Une robe ivoirienne! Elle est très belle!»?
e) Qui a dit: «Des boucles d'oreille! Merci, Amina. Elles sont magnifiques!»?
f) Qui a dit: «Je suis désolée, mais je ne bois pas d'alcool»?

2. Ce matin Patrick a dit à sa famille: «Je veux être footballeur professionnel.»
Qu'est-ce qu'ils ont dit?
Regarde le dessin et essaie de deviner.

Exemple: *Son petit frère Fabien a dit: «Ah oui! Chouette!»*

a) Son petit frère Fabien a dit: «. . .	. . . «Ah oui! Pourquoi pas?»
b) Son grand frère Jean-Luc a dit: «. . .	. . . «Ah oui! Chouette!»
c) Sa mère a dit: «. . .	. . . «Tu es complètement ridicule!»
d) Son père a dit: «. . .	. . . «Oui, Patrick, bien sûr. Mange ta tartine.»

3. Écoute Patrick. Est-ce que tu as deviné juste?

4. On va faire la fête chez Nathalie et Vincent. Tout le monde a apporté quelque chose. Qu'est-ce qu'ils ont apporté?

Exemple: *Patrick a apporté un disque.*

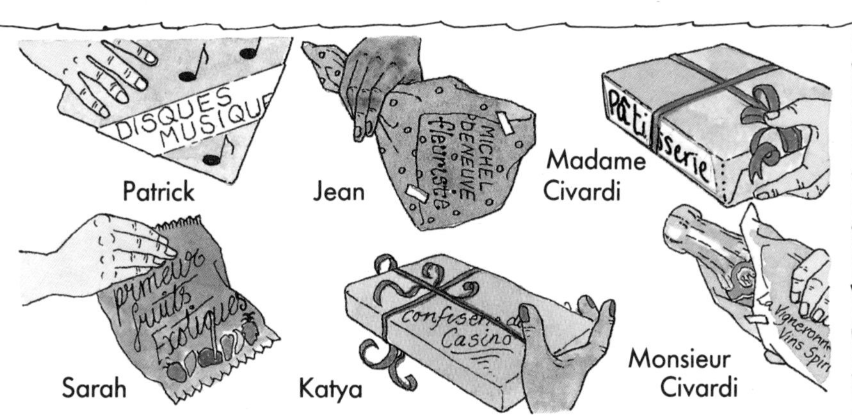

5. Écoute Nathalie et Vincent. Après, trouve le cadeau qui va avec chaque réponse.

6. Travaille avec un(e) partenaire. **A** choisit un des cadeaux et dit, par exemple, «J'ai apporté *des fleurs.*» **B** doit dire «*Des fleurs!* Merci, *Jean*, c'est gentil.»

A

Nº 40501
Série A
Ville de Nantes
CHATEAU DES DUCS
MUSÉES
TARIF RÉDUIT
TICKET A CONSERVER

B

CONCORDE 2
NANTES
Série 2
ENTRÉE
063339
063338
CONCORDE 2
NANTES
Série 2
ENTRÉE

C

Football-Club de NANTES
STADE DE LA BEAUJOIRE
Nantes - Strasbourg
TRIBUNE PRÉSIDENTIELLE
DIVISON 04
RANG SPECIAL R 19
PLACE Nº 222

D

VILLE DE NANTES
Jardin des Plantes
Jardin Botanique
FRANCE

E

RADIO NANTES 100 FM
TÉL. 40 89 28 28
LA RÉCRÉ DES OREILLES
36.15 code POL

F

LU PETIT-BEURRE NANTES
LU

G

RIVER PALACE
24 QUAI DE VERSAILLES - NANTES
billet
billet groupe valable pour 1 croisière
aller retour
Nº 007448
GRAPHY PRIM' - NANTES

7. L'oncle (Jean-Loup), la tante (Françoise) et les cousins canadiens de Patrick (Armelle et Max) sont à Nantes en ce moment. Écoute l'oncle Jean-Loup.

a) Qu'est-ce qu'ils ont vu et qu'est-ce qu'ils ont visité?

b) Pour chaque article, trouve un nom (ou des noms).

Exemple: *A = Françoise*

«2001 L'ODYSSÉE DE L'ESPACE»

L'histoire. Des hommes s'embarquent à bord d'un vaisseau spatial, direction Vénus. Le robot qui pilote l'engin est si perfectionné qu'il en devient presque humain. Un jour, il refuse d'obéir aux

étoiles, E.T., ou … *feu.* Kubrick est un anci… phe: il en a gard… détail documentai… avec précision cette… turiste, mais surto… avec puissance le se…

…lm de Kubrick, «2001, l'odyssée de l'espace».

LA GRANDE ÉVASION

C'est *La grande évasion,* le film de John Sturgess (1963), qui fit de Steve Mc Queen une grande star internationale. Quelle revanche pour cet acteur américain! Abandonné à sa naissance, il était devenu un petit délinquant, s'était engagé dans les marines, avait fait tous les métiers avant de devenir comédien. En France, il est devenu populaire grâce à une série télévisée, *Au nom de la loi.* … avril, 20 h 35.

Steve Mac Queen

LES INCORRUPTIBLES (The Untouchables)

un film de LUC BESSON LE GRAND BLEU VERSION FRANÇAISE DOLBY STEREO ECRAN GEANT

EMPIRE DU SOLEIL
«JE M'APPELLE E.T.»
20.05
RENCONTRES DU TROISIÈME TYPE
FILM AMÉRICAIN DE STEVEN SPIELBEG (1977) - 2h10
Roy Neary Teri Garr
Claude François Truffaut
Jillian Melinda Dillon
Au revoir les enfants
UN FILM DE LOUIS MALLE
«LE FLIC DE BEVERLY HILLS 2»
Revoici Axel Foley, alias Eddie Murphy, le policier de Chicago venu enquêter à Los Angeles et dans sa banlieue de luxe: Beverly Hills.
Ce film reprend les mêmes personnages et les mêmes recettes que le premier. On retrouve la truculence, l'humour, le dynamisme et la gentillesse d'Eddie Murphy, qui se joue des truands, met en boîte ses collègues californiens, et traverse les tirs de barrage avec décontraction.
Il s'attaque, cette fois, à un gang pratiquant des hold-up sanglants, spectaculaires et soigneusement organisés par une blonde sculpturale (jouée par la femme de Stallone). L'enquête de notre flic va très vite le mener sur la piste d'odieux trafiquants d'armes. Le tout s'achevant par un grandiose affrontement à la mitraillette au détriment des gangsters.
CROCODILE DUNDEE
Eddie Murphie
l'éternel flic de Beverly Hills.

8. Quel est le film le plus populaire?

Patrick a vu *Rencontres du troisième type* trois fois. Il a vu *Crocodile Dundee* deux fois. Il a aussi vu *Le Flic de Beverly Hills 2, Les Incorruptibles* et *L'Empire du soleil.* Jean et Katya ont vu *L'Empire du soleil* et *Le Flic de Beverly Hills 2.* Jean a aussi vu *2001, l'Odyssée de l'espace* et *Crocodile Dundee.* Il a vu *Le Grand Bleu* deux fois. Katya a vu *Rencontres du troisième type* deux fois et *ET* trois fois. Elle a aussi vu *Au revoir les enfants.* Sophie et Nabila ont vu *Les Incorruptibles.* Sophie a vu *La Grande évasion* trois fois. Elle a aussi vu *Le Grand Bleu, ET* et *Rencontres du troisième type.* Nabila a vu *Le Flic de Beverly Hills 2, L'Empire du soleil* et *ET.*

9. Travaille avec un(e) partenaire. Demande à ton/ta partenaire si il/elle a vu tous ces films.

Exemple:

A: *Tu as vu* ET?

B: *Oui, j'ai vu* ET.

La visite

Someone from outside the village is coming to stay in the home of the family you have invented.

10. Comment s'appelle le visiteur/la visiteuse? C'est un homme ou une femme? Il/Elle est seul(e), ou avec d'autres personnes? Quelle est sa relation avec ta "famille": c'est un(e) ami(e), un(e) cousin(e) . . .? Où habite-t-il/elle? Quel est son métier?

Exemple: *C'est Alain Fichu, sa femme Sylvie, et leur fils David. Alain est le frère de X* (le membre de ta famille). *Ils habitent au Canada. Il est journaliste. Sa femme est peintre.*

11. Les visiteurs arrivent. Écris la première conversation entre les visiteurs et ta famille.

12. Mais il y a des problèmes: certaines personnes n'aiment pas d'autres personnes. Prépare un diagramme: dessine un cercle, écris les noms autour du cercle, et tire un trait entre les noms.

Exemple:

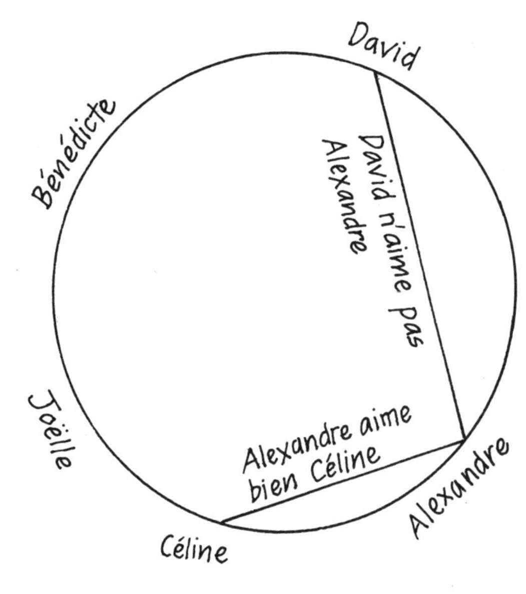

13. Les visiteurs apportent des cadeaux à ta famille. Quels cadeaux? Pour qui? Imagine les conversations.

POINT LANGUE

Recipe for making the past tense

(i) **Regular *-er* verbs** *(See also verb section* *pages 142 to 146*)

1

Take the right bit of the verb *avoir*.

2

Take the infinitive of the verb you want to talk about in the past.

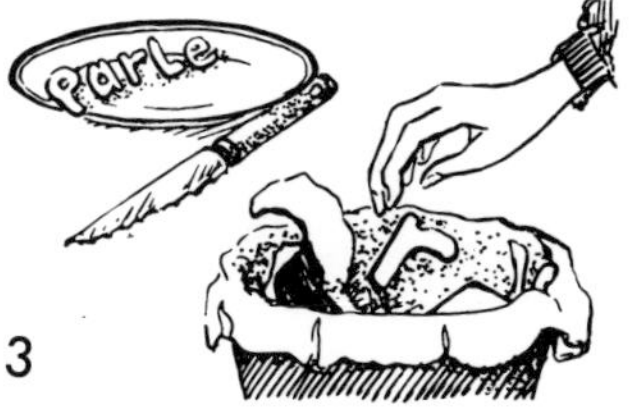

3

Cut off the *'r'* at the end.

4

Add an acute accent on to the *'e'*.

5

Mix together.

6

Now, use this recipe to make some cakes using *changer*.

(ii) **Irregular verbs for confident cooks** *(See also verb section* *pages 142 to 146*)

1

Take the right bit of *avoir*.

2

You won't be able to make the past tense endings of irregular verbs from their infinitives, so it's best to have some ready.

3

Mix together.

4

Now, use this recipe to ice the other *faire*, *dire* and *voir* cakes.

(iii) If you want to say what you didn't do or haven't done, add in the special ingredients *n'* and *pas* on each side of the bit of *avoir*.

Example: *Tu* ***n'****as* ***pas*** *changé.*

TES OBJECTIFS

In this unit, you will learn how to . . .

. . . give and understand information about the home

Un appartement; une maison.
Au rez-de-chaussée; au premier étage.
Il y a un canapé/un fauteuil/un balcon/une terrasse.

STE-MARGUERITE 008018
Proche ctre ccial, écoles, maison récente de 88 m2 habit. et orientée E.-O., compr. r.-de-ch. : séj., cuis. à l'américaine, wc. Garage et cellier. Ét. : 3 chbres, s. de bns, s. de douche. Jard. 327 m2.
497.000 F

LA BAULE 002204
À 300 m de la plage Benoît, au r.-de-ch. d'une maison, appt de 72 m2, compr. : séj., 2 chbres, cuis., s. à manger, s. de bns aérée, wc, 3 débarras. Chauff. central au gaz. Jard. privatif de 70 m2.
550.000 F

ST-NAZAIRE 014098
Qr Libération, maison parf. état, parpaings, couv. ardoise, possib. 2 appts. R.-de-ch. : ent., cuis., séj., ch., s. d'eau, wc. Chauff. électr. Ét. : gd séj., ch., cuis., s. d'eau, wc. Chauff. au gaz. Garage, caveau. Sur terr. 300 m2 env. Libre à la vente.
422.000 F

ST-NAZAIRE 016092
Qr Sautron, vue mer, appt type 3 : entrée placard, wc lave-mains, séj. balcon, 2 ch. placards, cuis. équipée, s. de bns. Chauff. indiv. gaz. Cave, park. couvert. T.B.E.
391.000 F

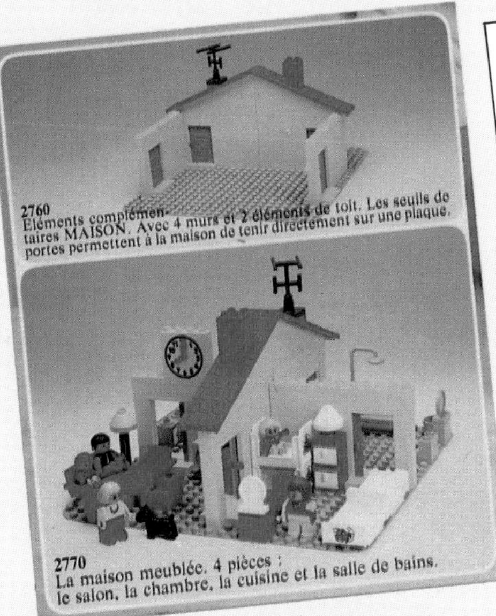

2760
Eléments complémentaires MAISON. Avec 4 murs et 2 éléments de toit. Les seuils de portes permettent à la maison de tenir directement sur une plaque.
2770
La maison meublée. 4 pièces : le salon, la chambre, la cuisine et la salle de bains.

. . . describe people, animals or objects

Il/Elle est petit(e)/grand(e)/mince/gros(se).
Il/Elle a les cheveux longs/courts/raides/frisés/ blonds/bruns/roux.
Il/Elle a les yeux marron/bleus.

. . . make comparisons

Plus/aussi/moins grand(e) que . . .

JEAN-JACQUES GOLDMAN

Nom : . . . . Goldmann.
Prénom : . . . . Jean-Jacques.
Date de naissance : 11 octobre 1951.
Lieu de naissance : . . . . . Paris 19e.
Signe astrologique : . . . . . Balance.
Taille : . . . . 1,75 m.
Poids : . . . . 60 kg.
Etudes : . . . . HEC Lille.
Yeux : . . . . marron.
Cheveux : . . . . bruns.
Chanteurs favoris : Steve Winwood, Lou Gramm, Ray Charles.
Il dit : « Parler de moi ? je ne suis pas intéressant. Moins on parle de moi, mieux je me porte ».
Le succès ? « Une question de circonstances, de mode et de chance. Ça ne prouve rien ».
L'arrivisme ? « Je n'ai jamais eu les dents longues. Ça empêche de dormir ! Je me rallie à ce que pensent mes enfants du métier de chanteur. Pour eux, ça n'a rien d'extraordinaire ».
Ce qu'il aime : « La sincérité chez les gens ».
Une chanson, c'est un message ? « Je n'en délivre pas. Je suis plutôt une sorte de chroniqueur. J'essaie d'écouter les autres, leurs idées, pour qu'ils retrouvent un peu de leurs paroles dans les miennes ».
L'inspiration ? « Je me demande toujours si j'ai encore des histoires à raconter ! »
Comment il se situe ? « Je me sens d'abord musicien. Ma carrière de chanteur, c'est le public qui l'a voulue ».
Deviendra-t-il acteur ? « J'aime beaucoup le cinéma, mais je ne crois pas avoir un tempérament d'acteur ».
Son domicile ? Paris.
Où lui écrire ? c/o Epic/CBS, 1 rue du Château, 92550 Neuilly.

DISCOGRAPHIE

33-tours. 1981 : Il suffira d'un signe ; 1982 : Quand la musique est bonne ; 1984 : Positif ; 1986 : Non homologué ; Double album live ; 1987 : Entre gris clair et gris foncé.

7A Chez les Thireau . . .

Ce tableau est très beau...

Oh! Le vase! J'ai cassé le vase...

Je suis vraiment désolée... Je...

Ça n'a pas d'importance.

Nous sommes fatigués...

Mais oui. Vous avez besoin d'une bonne sieste!

Voici votre chambre... Et la salle de bains est à côté.

Nabila, tu vas coucher dans la chambre de Sophie. Sophie, montre ta chambre à Nabila.

Euh... D'accord, mamie.

Alors... voici ma chambre.

Elle est petite, ta chambre! Ma chambre à Abidjan est plus grande.

Ah bon?... Tu peux mettre tes affaires dans la commode, ici... et dans l'armoire, là.

Ça va? Oh, tu as une belle chambre, Sophie.

Bof! Elle est moins belle que ma chambre. Ma chambre est plus grande et plus belle que la chambre de Sophie!

Nabila, tu exagères! La chambre de Sophie est aussi belle que ta chambre.

Un peu plus tard...

Ça va, Nabila?

Oui. Merci. Ça va.

C'est une photo de mon chien, Renaud. J'ai laissé Renaud à Abidjan... Vous n'avez pas de chien ici?

Non, l'appartement est trop petit. Nous avons deux chats. C'est tout.

Comment elle est, ta maison à Abidjan?

Oui! Notre maison est plus grande que votre appartement.

Elle est belle! Au premier étage, il y a trois chambres, deux salles de bains, des WC et un bureau...

Et au rez-de-chaussée, il y a une grande salle de séjour, avec un canapé, des fauteuils, un aquarium avec des poissons, beaucoup de plantes... Il y a aussi une terrasse avec une table et des chaises...

... et puis il y a la cuisine; elle est très grande ... et la salle à manger. Mais attendez, j'ai des photos...

PHOTOS

1. Relis les pages 45 et 46 et regarde ces plans. Quel est le plan de la maison de Nabila (rez-de-chaussée et premier étage)? Quel est le plan de l'appartement de Sophie?

A

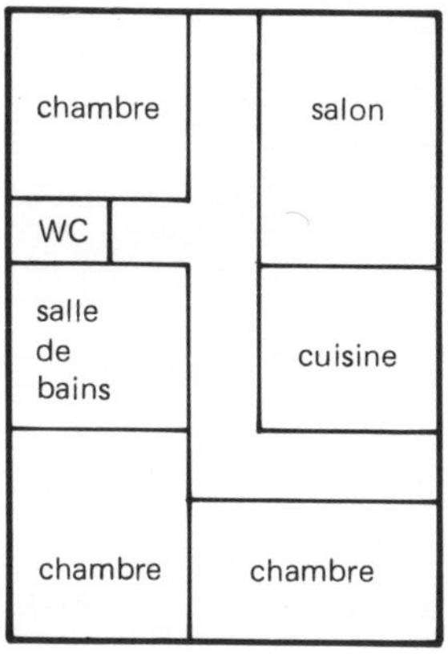

B

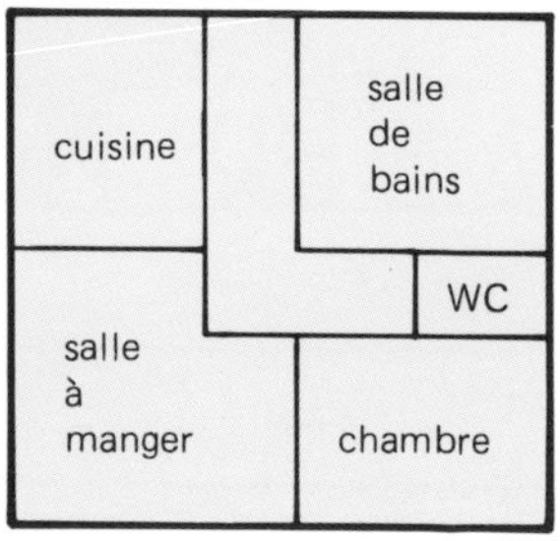

C

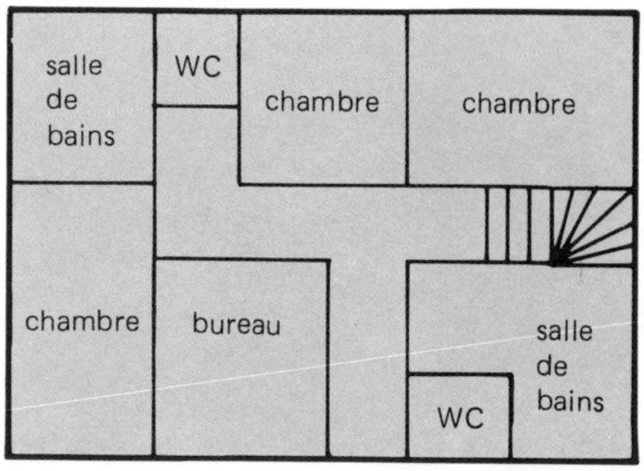

D

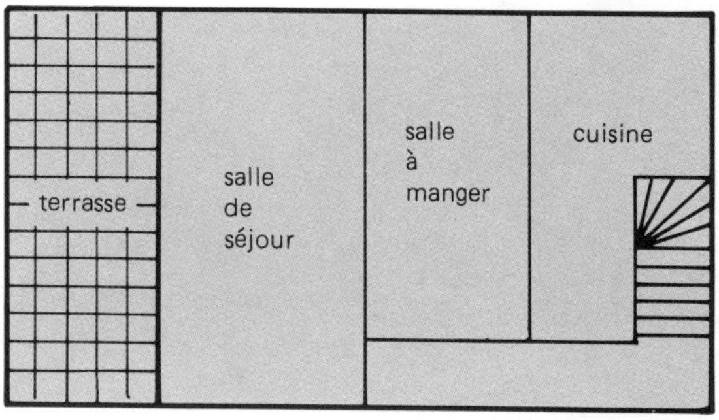

7 B

2. Regarde les illustrations et écoute la conversation entre Nabila et Sophie. Quelle est la chambre de Nabila?

A

B

C

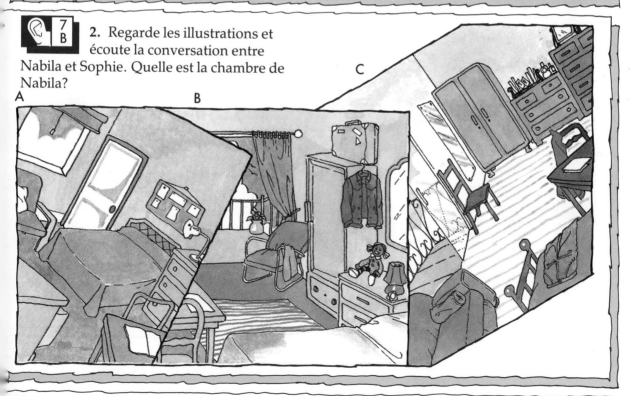

3. Travaille avec un(e) partenaire. Décris l'une des trois illustrations. Ton/Ta partenaire doit deviner quelle illustration tu décris. Ensuite, change de rôle.

4. Où est Ibrahim sur la photo?

5. Qui sont les autres?

Hélène est petite et mince. Elle a les yeux bleus et les cheveux blonds, longs et raides.
Ousmane est petit et assez gros. Il a les yeux marron.
Marie est grande. Elle a les cheveux courts et frisés. Elle porte des lunettes.

7C

6. Écoute la conversation et choisis un acteur et une actrice.

7. Travaille avec un(e) partenaire. Tu décris ton acteur/actrice idéal(e) et ton/ta partenaire te propose l'une des huit illustrations. Accepte ou refuse sa proposition et donne tes raisons. Ensuite, change de rôle.

Tu as vu des éléphants en Côte d'Ivoire?
Bien sûr!

L'éléphant

La trompe: la trompe est comme un très long nez. Elle sert de nez, de main et de bras.

Les défenses: ce sont de très longues dents! Elles sont très lourdes et produisent l'ivoire.

L'éléphant d'Asie et l'éléphant d'Afrique

- L'éléphant d'Asie est plus petit que l'éléphant d'Afrique.
- L'éléphant d'Asie a les oreilles plus petites que l'éléphant d'Afrique.
- Les défenses de l'éléphant d'Asie sont moins longues que les défenses de l'éléphant d'Afrique.
- L'éléphant d'Afrique est plus clair que l'éléphant d'Asie.

1

2

Alors... la photo numéro 1 représente un éléphant d'Afrique et la photo numéro 2 représente un éléphant d'Asie?

8. C'est vrai ou c'est faux?

2

3

4

5

6

7

9. Regarde les photos et écoute le jeu des devinettes.

a) Quel animal n'est pas mentionné pendant le jeu?

b) Quelles illustrations correspondent aux trois bonnes réponses?

animaux mentionnés	un poisson	un chat	un hamster	un éléphant	une girafe	un chien	un lapin
bonne réponse 1							
bonne réponse 2							
bonne réponse 3							

Copie cette grille dans ton cahier.

À la maison

You will now have to decide on what kind of house the family you have invented live in (it could be a flat, a house, a farmhouse or a mansion). Decide also on what the members of the family look like.

10. Dessine l'extérieur de la maison ou de l'immeuble.

11. Dessine le plan de la maison ou de l'appartement.

Si c'est une maison:
Il y a combien de pièces?
Il y a combien d'étages?

Si c'est un appartement:
Il y a combien de pièces?
C'est à quel étage?

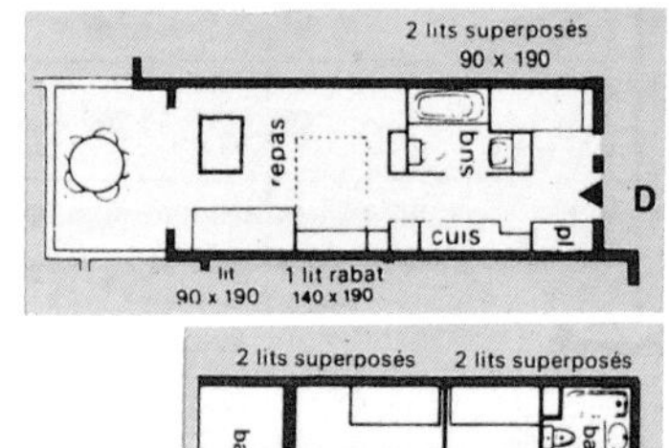

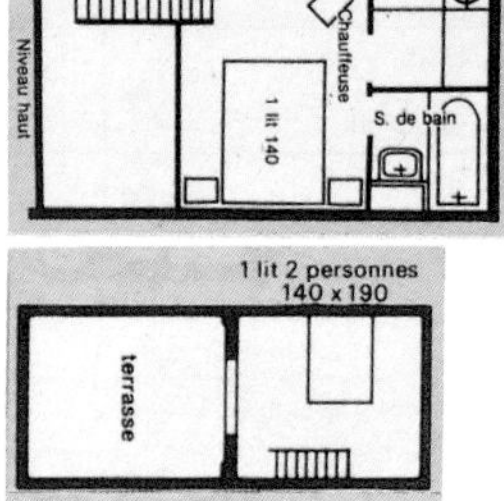

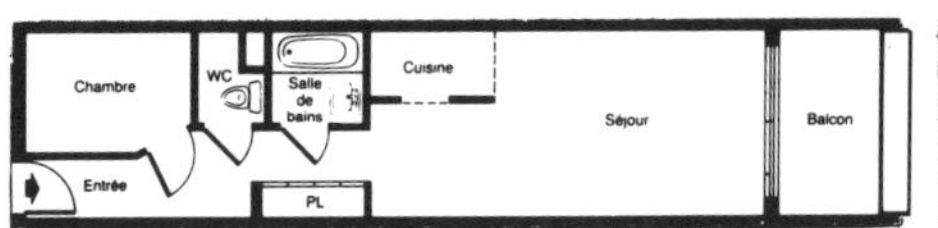

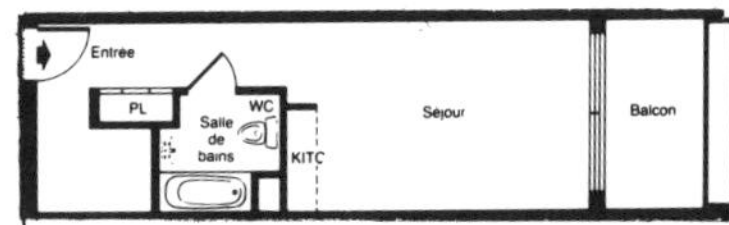

12. Quelle est ta pièce préférée dans cette maison/cet appartement?
Choisis une pièce et décris les meubles de cette pièce.
Ajoute des illustrations.

13. Dessine une carte d'identité pour chaque membre de la famille.

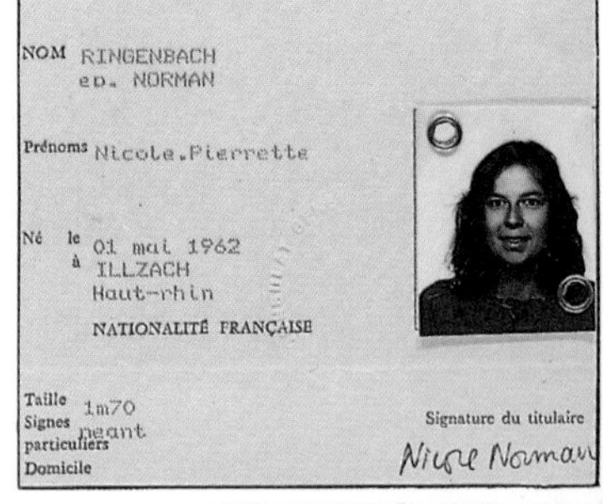
NOM RINGENBACH
ep. NORMAN

Prénoms Nicole.Pierrette

Né le 01 mai 1962
à ILLZACH
Haut-rhin

NATIONALITÉ FRANÇAISE

Taille 1m70
Signes particuliers néant
Domicile

Signature du titulaire
Nicole Norman

POINT LANGUE

Comparatives

● **There are three ways to make comparisons:**

1. You can say that someone or something is bigger, taller, more intelligent, more expensive, etc. than something or someone else.

In French, you use:
plus . . . que . . .

2. You can say that someone or something is less intelligent, expensive, etc. than something or someone else.

In French, you use:
moins . . . que . . .

3. You can say that someone or something is as big, tall, intelligent, etc. as something or someone else.

In French, you use:
aussi . . . que . . .

14. Look at the cartoon story above and find examples of each of the three ways of making comparisons.

15. Listen to the quizzes on the tape and decide which of the three statements below is true.

a) *La tour Montparnasse est plus haute que la tour Eiffel.*

b) *La tour Montparnasse est moins haute que la tour Eiffel.*

c) *La tour Montparnasse est aussi haute que la tour Eiffel.*

TES OBJECTIFS

In this unit, you will learn how to . . .

. . . say what you normally watch and don't watch on television

Je regarde toujours/d'habitude/ quelquefois . . .
Je ne regarde jamais . . .

. . . describe your favourite television programme and explain why you like it and when it's on

J'aime bien . . .
C'est un feuilleton/c'est intéressant.
Ça passe le vendredi à huit heures.

. . . decide what you're going to watch

Qu'est-ce qu'on va regarder?
Je voudrais/veux voir . . .
Et toi? Ça t'intéresse?
On pourrait regarder/enregistrer . . .
Ça commence/finit à sept heures.
Ça dure . . . minutes/heure(s).

. . . say what you watched last night/ last weekend and ask someone what they watched

Hier soir/samedi dernier j'ai regardé/ vu . . .
Tu as regardé/vu . . .?

Les chaînes:

TF 1

Antenne 2

FR3

La Cinq

M6

Canal plus

Sophie rentre de l'école . . .

alut, Sophie! Tu as passé une
onne journée à l'école?

Oh, ça va. Où sont les autres?

Grégoire et Amina sont chez des copains à Rennes mais Nabila est là. Elle regarde la télé.

Salut! Qu'est-ce que tu regardes là?

Salut! C'est un vieux film anglais.

J'ai faim, moi. Je vais chercher un sandwich.

J'ai bien mangé à midi, moi.

oilà M6. Je veux
egarder « La Clinique
le la Forêt Noire» à 17h10.

Zut! C'est le téléphone.

DRING DRING

C'est ennuyeux, ce feuilleton. Je vais regarder les autres chaînes.

C'est papa et Amina. Ils veulent te parler aussi.

D'accord.

Excuse-moi, Sophie. Je voudrais regarder le bulletin météo. Ça commence à 17h 30.

'est la météo.
rand-père
egarde toujours
la météo.

C'est génial! Grégoire et maman vont rentrer très tard, ce soir. Alors on peut regarder la télé toute la soirée. Maman déteste ça.

Alors, qu'est-ce qu'on va regarder?

Mais, taisez-vous, je n'entends rien.

Plus tard:

C'est quoi, «Mission Impossible»?

C'est une serie américaine. Ça ne me dit rien.

CONCERT MADONNA 22:35

16 SEPTEMBRE

20:40

Eh bien, qu'est-ce que tu aimes comme émissions?

Moi, j'aime les films et les documentaires. Voyons... je voudrais voir cette enquête «Qui a peur de la génétique?», ou on pourrait regarder le concert Madonna à 22h 35 sur TF1.

Vous avez vu? Il y a un film d'horreur ce soir, «Le vampire de ces dames». Formidable!

Mmm. J'adore les films d'horreur.

Oui, moi aussi. J'ai vu «La nuit des morts vivants» trois fois!

Comment s'appelle ce vampire? Il a joué dans un film la semaine dernière.

Regarde. Il est malad ce pauvre vampire.

Oui, il n'aime pas le soleil.

Va-t-en! Non... Aïeeee!

Qu'est-ce qui se passe?

Oh là là! Ça doit être le vent. Il y a une panne d'électricité.

Bonsoir!

Sophie et Nabila s'entendent bien maintenant.

Bonsoir!

Non! Je ne veux pas! Je veux regarder «La Clinique de la Forêt Noire». Prends Nabila...

Va-t-en! Il n'y a pas de vampires en Côte d'Ivoire. Prends Sophie...

A

C

B

La clinique de la forêt noire

D

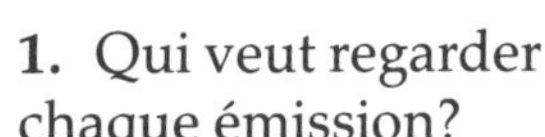

1. Qui veut regarder chaque émission?

Nabila

Sophie

Estelle

Christian

Qu'est-ce que tu regardes à la télé?

Je regarde toujours les dessins animés. Ils sont vraiment amusants.

Je regarde souvent les émissions de cuisine. Elles sont très intéressantes.

Je regarde quelquefois les westerns. Ils sont assez bien.

Je ne regarde jamais les films d'horreur. Ils sont trop violents.

2. Quelles émissions regardes-tu?
Compare ta liste avec la liste de ton/ta partenaire.

Je regarde . . .

toujours	souvent	quelquefois	jamais

Copie cette grille dans ton cahier.

Quelle est ton émission préférée?

Georgette Bouvier

Didier Bouvier

Colette Bouvier

Élodie Bouvier

3. Écoute les conversations.
Ensuite, choisis quatre personnes dans ta classe et fais cette enquête.

Nom				
Nom de l'émission préférée				
Genre de l'émission				
Jour				
Heure				

Copie cette grille dans ton cahier.

4. La télévision chez le voisin est toujours très forte. Qu'est-ce qu'il a regardé hier soir? Mets les émissions dans le bon ordre.

1 un jeu
2 un film de guerre
3 un feuilleton
4 les informations
5 un film d'horreur
6 la météo

5. Il est 20 h 30. Frédéric et Nicolas choisissent une émission à la télé. Qu'est-ce qu'ils décident de regarder?

HEURE PAR HEURE	TF1	A2	FR3	LA CINQ 5	M6	CANAL+
20.30	20.45 VARIÉTÉS **SACRÉE SOIRÉE** animée par Jean-Pierre Foucault	20.45 FOOTBALL **EINDHOVEN-BORDEAUX** COUPE D'EUROPE (en différé)	20.30 OPÉRA **MADAME BUTTERFLY** de Puccini	20.30 FILM TV **IMPLOSION TROIS** de Robert Lewis	20.50 SÉRIE **DYNASTIE** LE SUPPLÉANT	19.30 FOOTBALL **EINDHOVEN-BORDEAUX** QUART DE FINALE DE COUPE D'EUROPE
	avec Sophie Marceau, Lambert Wilson, Eric Morena	avec Jean-Marc Ferreri, milieu de terrain de Bordeaux	avec Yasuko Hayashi, Peter Dvorsky, Arturo Testa	avec Heather Locklear, Terence Knox, Gerald MacRaney	avec John Forsythe, Linda Evans, Joan Collins	avec Hans Van Breukelen gardien de but d'Eindhoven
21.00					21.45 LIBRE ET CHANGE	

6. Sophie veut savoir ce qui s'est passé dans *Dynastie* hier soir. Qu'est-ce que ses copains ont vu?

Complète ces phrases dans ton cahier:

Exemple: *Sarah a regardé le football.*

Jean a regardé ....

Katya a regardé ....

Sophie a regardé ....

Résultats de l'Enquête Okapi-Télé 7 Jours

1. Comment préférez-vous regarder la télévision?

2. Regardez-vous la télévision en faisant quelque chose d'autre?

3. Qu'aimez-vous regarder de préférence à la télévision?

7. Combien de ces personnes préfèrent regarder la télé:
seules
avec des copains
en famille?

Claire, 13 ans, 4e «Seule. Tout d'abord parce que je suis souvent seule, et puis je suis très romantique alors souvent je pleure.»

Bérangère, 13 ans, 4e «Avec des copains. Une fois, j'ai regardé un film comique chez une copine: c'était super, on était tordu de rire.»

Albane, 13 ans, 3e «En famille. Parce que c'est un des seuls moments où on est ensemble.»

Sophie, 12 ans, 5e «Avec des gens, parce que j'aime avoir de la compagnie.»

Céline, 13 ans, 3e «Seule. Pour regarder la télé, j'aime le grand calme.»

Sylvie, 12 ans, 5e «Je préfère la regarder avec des copains, je trouve que c'est plus marrant.»

Alain, 13 ans, 4e «Je préfère regarder la télé en famille. Parce qu'on peut parler de ce qui se passe à la télé avec sa mère.»

COMMENT PRÉFÉREZ-VOUS REGARDER LA TÉLÉVISION?	
1) Seul	**40 %**
2) Avec des copains	**21 %**
3) En famille	**37,5 %**
4) Sans réponses	**1,5 %**

Christophe, 12 ans, 5e

Magali, 11 ans, 6e

Thomas, 13 ans, 4e

Marianne, 13 ans, 4e

8. Qui a écrit les remarques suivantes?

«Je ne peux pas m'en passer lorsque je fais mes devoirs. Je ne l'écoute même pas, mais le bruit me rassure.»

«Je mange, parce que des pubs où l'on voit des aliments, ça donne faim.»

«Oui: la cuisine (dans ce cas, tout brûle!).»

«Écouter de la musique dans mon casque et regarder les images de la télé, ou faire mes devoirs devant la télé.»

9. Copie la grille dans ton cahier et chaque fois que quelqu'un mentionne une des émissions suivantes, écris son nom dans la case correspondante.

1 Les sports	....
2 Le rock et les clips.......	....
3 Les émissions d'aventure	....
4 Les journaux télévisés et les magazines d'informations..........	....
5 Les films..................	....

Daphné, 12 ans, 5e Moi, ce que j'aime à la télévision, ce sont les films.

Olivier, 14 ans, 3e J'aime toutes les émissions de sport.

Sylvain, 12 ans, 5e J'aime voir des westerns ou des films d'aventures ou même de science-fiction.

Constance, 12 ans, 5e J'aime beaucoup le journal télévisé. Cela nous apprend des centaines de choses sur les autres pays, la science et la politique.

Stéphane, 13 ans, 4e J'aime les films comiques.

Delphine, 11 ans, 5e Je préfère le rock et les clips parce que j'aime bien la musique.

10. Maintenant pose ces trois questions à cinq personnes de ta classe.

TON VILLAGE

Le film d'horreur

A horror film is being made in an old castle in your village. Make up a scene from this film. It should last about one or two minutes.

11. D'abord, choisis une histoire et des personnages. Quelle sorte de film d'horreur est-ce?

Exemple: *Dans le film, il y a un vampire.*

un vampire — un monstre — un squelette

des rats — des insectes — des morts-vivants

12. Écris les dialogues. Voici quelques phrases pour vous aider:

Regarde!/Regardez! Look!
Qu'est-ce que c'est? What's that?
C'est un/une . . . It's a . . .
Au secours! Help!
Viens/Venez avec moi Come with me
Va-t-en!/Allez-vous-en! Go away!
J'ai peur I'm scared
N'aie pas peur/N'ayez pas peur Don't be afraid

13. Choisis la musique pour la scène.

14. Dessine un plan pour la scène.

Plan de la salle à manger

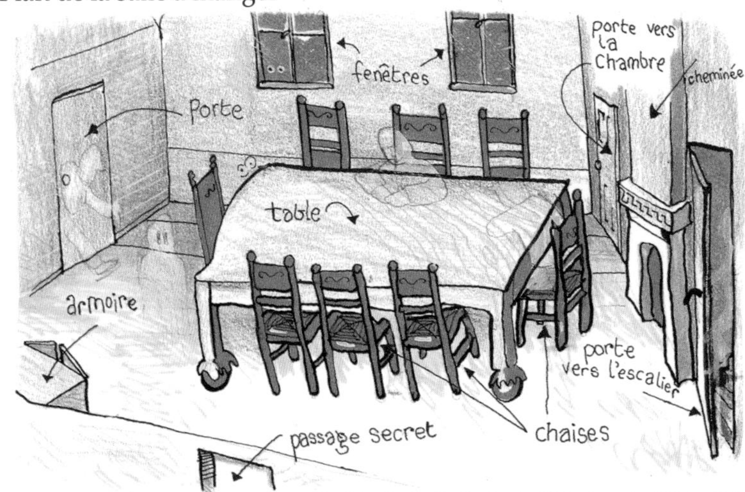

15. Dessine les costumes, et écris le nom des vêtements.

Exemple:

Le costume de Dracula

POINT LANGUE

Tenses

● These three pictures show us three stages in an event. Here are three sentences that explain what is happening. One is in the past, one in the present and one in the future. Which is which?

He's broken it!
He will create the most beautiful statue in the world.
He's working on his statue.

How do we know when someone is talking about the past, present or future?

● In both English and French the verbs in a sentence change according to *when* an event or activity takes place. The word **tense** is used to mean the *time* when an activity takes place.

● We use verbs in the **future tense** to say what we're going to do:

Example:
I'm going to watch (the news).
Je vais regarder (les informations).

● We use verbs in the **present tense** to say what we're doing now (either 'at this very moment' or 'generally now').

Example:
I watch (*Dynasty*)/I'm watching (*Dynasty*).
*Je regarde (*Dynastie*).*

● We use verbs in the **past tense** to say what we've done or what has happened.

Example:
I watched (the horror film last night).
J'ai regardé (le film d'horreur hier soir).

● Words and phrases like 'yesterday' 'this morning' and 'next week' also tell us when an event or activity takes place.

16. Make a list of other words and phrases that tell us when an activity takes place.

17. You probably use tenses in English without even thinking about it. Make up the following, first in English then in French.

a) It's New Year's Eve. Write down three resolutions for the new year saying either what you will or won't do.

b) Someone that your sister doesn't want to speak to is on the phone. Make up an excuse for why she can't come to the phone at the moment.

c) You've just got back from a fabulous summer holiday. Tell your best friend the three best things that you did and then the most boring thing that you did.

TES OBJECTIFS

In this unit, you will learn how to . . .

. . . talk about being bored or enjoying yourself

On s'ennuie.

On s'amuse.

. . . say whether you or other people get on with someone

Je m'entends bien avec . . .

. . . talk about daily routine

Je me lève . . .
Je me couche . . .

. . . say what you know (or don't know) how to do

Je sais nager.
Je ne sais pas jouer aux échecs.

. . . say whether or not you're good at doing something, and why (or why not)

Je (ne) suis (pas) doué(e) pour . . .
Je suis sportif/sportive.
Je n'ai pas de patience.

Journal du Sahara

Pierre Heintz traverse le Sahara avec une caravane de chameaux.

Le matin, je me lève à six heures avec le soleil, puis trois heures de marche dans le sable, pique-nique par 35 degrés à l'ombre

INTERVIEW AVEC JOHNNY HALLYDAY

Acteur, vous devez souvent vous lever à 5 heures du matin, alors que chanteur, vous vous couchez plutôt à cette heure-là. Ces deux activités font vivre très différemment.

POUR S'AMUSER, DES MINISKIS
Le plus petit ski du monde ne mesure que 63 cm!

Les petites filles touaregs s'installent avec leur mère dans une oasis.

Patrick et Jean regardent la télé . . .

C'est dimanche. Patrick est chez Jean.

Je déteste le dimanche.

Ah bon? Pourquoi?

On s'ennuie. Il n'y a rien à faire.

Moi, je ne m'ennuie pas. J'aime bien le dimanche. On se lève tard.

C'est bien pour ça – toi tu te lèves à midi, tu t'installes devant la télé et puis tu te couches. Tu n'as pas le temps de t'ennuyer.

Eh oh – ça ne va pas, non?

Puisque tu t'ennuies, on va appeler Sophie.

Allô, Sophie? C'est Jean. Qu'est-ce que vous faites, les filles? Patrick s'ennuie.

Katya et Sarah sont là... Eh ben, nous nous amusons, comme d'habitude! Vous voulez passer chez nous?

Salut, Jean. Salut Patrick! Ça va?

Salut, Sophie. Salut, Katya, salut Sarah.

Salut tout le monde!

Nabila est là?

Oui, mais elle se maquille, alors on en a pour deux heures!

Tu es méchante!

Et tu n'es pas gentille!

Mais vous vous entendez bien maintenant. Ça va mieux?

Oui. En fait, elle est gentille. Au fond, je suis jalouse.

Mais elle aussi, elle est jalouse de toi, Sophie.

Je ne sais pas.

Bonjour, Jean. Bonjour, Patrick. Ça va ?

Oui. Et toi ?

Salut, Nabila.

Bon. On va à la piscine ?

Ah non, Jean est trop fatigué. Et pu il n'est pas très sportif.

Tais-toi, idiot !

Tu es sportive, Nabila ?

Euh … ça dépend !

Alors, on joue aux échecs ?

Ah oui – les échecs c'est pour les intellectuels, et Patrick c'est un grand intellectuel, alors …

Tais-toi, imbécile !

Mais ils se disputent tout le temps.

Non. Ils s'amusent. Ils aiment ça !

Tu sais jouer aux échecs, Nabila ?

J'ai essayé, mais je n'ai pas de patience.

Moi non plus. Et puis je n'ai pas de mémoire.

Oh si, Katya! Tu es très douée !

Alors Nabila, qu'est-ce que tu fais le dimanche chez toi à Abidjan ?

Je m'ennuie !

1. C'est qui?

a) Il s'ennuie.
b) Il se lève tard le dimanche.
c) Elles s'amusent.
d) Elle se maquille.
e) Elle s'entend bien avec Nabila maintenant.
f) Ils se disputent.
g) Elle n'a pas de patience.
h) Elle est douée pour les échecs.

2. Où est-ce qu'on s'ennuie et où est-ce qu'on s'amuse? Copie cette grille dans ton cahier. Écoute la conversation. Dans chaque case, écris *s'ennuie*, *s'amuse* ou *pas de réponse*.

	à la maison	à l'école	à la maison des jeunes	à la plage
Luc	s'ennuie			
Cécile				

Copie cette grille dans ton cahier.

3. Devine à quelle heure ces personnes se lèvent et se couchent. Puis écoute la cassette, et écris dans ton cahier ce qu'elles disent.

a) L'éboueur se lève à cinq heures du matin. Il se couche à dix heures du soir.

b) Le facteur se lève à quatre heures du matin. Il se couche à . . .

c) La femme de ménage se lève à . . . Elle se couche à . . .

d) L'ouvrier de l'équipe de nuit . . .

e) Le caméraman . . .

f) La serveuse de café . . .

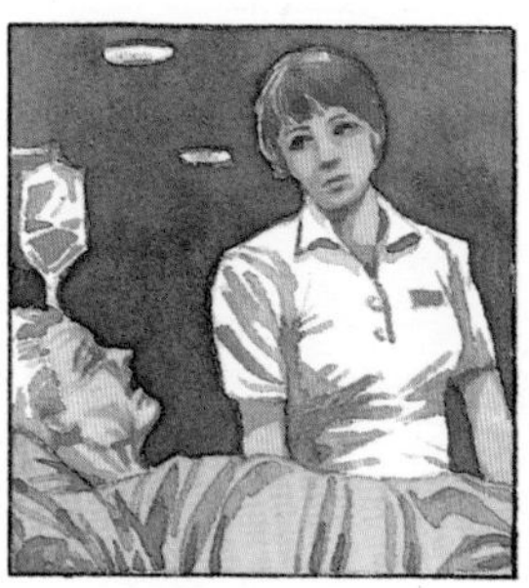

g) L'infirmière de nuit . . .

h) La vedette de cinéma . . .

4. Es-tu sûr(e) de toi? Fais ce jeu-test.

(1) Tu sais jouer aux échecs?

(a) Non. C'est pour les intellectuels.
(b) Oui. Je suis un(e) grand(e) intellectuel(le).
(c) Oui, mais je n'ai pas de patience et je n'ai pas de mémoire non plus.

(2) Tu sais nager?

(a) Oui. Je suis très sportif/sportive.
(b) Oui, mais je suis paresseux/paresseuse.
(c) Non. Je déteste l'eau.

(3) Tu sais faire une omelette?

(a) Oui. J'aime bien faire la cuisine.
(b) Oui, mais je ne suis pas très doué(e) pour faire la cuisine.
(c) Non. Je n'ai jamais fait d'omelette.

(4) Tu sais danser?

(a) Non. Je ne suis pas doué(e) pour la danse.
(b) Oui. Je danse très bien.
(c) Oui, mais je ne danse pas très bien.

(5) Tu sais jouer d'un instrument de musique?

(a) Oui. Je suis fort(e) en musique.
(b) J'ai essayé, mais je n'ai pas de patience.
(c) Non. Je n'ai jamais essayé.

Résultats du test
Compte les points pour chaque réponse:

(1) (a) 0 (b) 2 (c) 1
(2) (a) 2 (b) 1 (c) 0
(3) (a) 2 (b) 1 (c) 0
(4) (a) 0 (b) 2 (c) 1
(5) (a) 2 (b) 1 (c) 0

0–2: Tu n'as pas confiance en toi. Essaie un peu, pour voir!

3–6: Tu es assez sûr(e) de toi. N'aie pas peur, essaie!

7–10: Tu as beaucoup d'assurance. C'est bien. Maintenant, essaie quelque chose de nouveau!

Ton portrait personnel: première partie

5. Pour chaque question, écris *Je sais . . .* ou *Je ne sais pas . . .* dans ton cahier.

Exemple:
Je sais battre les cartes.
Je ne sais pas faire bouger les oreilles.

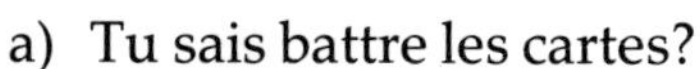

a) Tu sais battre les cartes? 

b) Tu sais faire bouger les oreilles? 

c) Tu sais faire des claquettes? 

d) Tu sais faire du patin à roulettes? 

e) Tu sais faire du patin à glace? 

f) Tu sais parler sans remuer les lèvres? 

g) Tu sais claquer des doigts? 

h) Tu sais toucher le nez avec la langue? 

i) Tu sais séparer les quatre doigts d'une main en deux groupes de deux? 

j) Tu sais imiter la voix d'une girafe? 

6. Écoute Patrick. Note ses réponses dans ton cahier. Ensuite, fais son portrait.

Exemple:
Il sait battre les cartes.
Il ne sait pas faire bouger les oreilles.

Ton portrait personnel: deuxième partie

a) le rugby 

f) les jeux vidéo 

b) les échecs 

g) la danse classique 

c) le ping-pong 

h) les mots croisés 

d) la natation 

i) la couture 

e) le karaté 

j) la cuisine 

7. Pour chaque activité, donne:

(i) ton opinion
– c'est pour les sportifs.
– c'est pour les intellectuels.
– c'est pour les brutes.
– c'est pour les vieux.
– c'est pour les petits rigolos.
– c'est pour les timides.
– c'est pour les artistes.

(ii) tes compétences
– Je n'ai jamais essayé.
– J'ai essayé mais
. . . je n'ai pas de patience.
. . . je n'ai pas de mémoire.
. . . je ne suis pas doué(e).
– Je suis doué(e) pour ça.

8. Travaille avec un(e) partenaire. **A** choisit une activité (par exemple, la natation). Il/Elle dit *C'est pour les sportifs*. **B** doit deviner l'activité.

9. Pour chaque activité, demande à ton/ta partenaire *Est-ce que tu sais . . .?* Note ses réponses dans ton cahier.

TON VILLAGE

Le petit matin

Have you ever listened carefully to the type of sounds you hear in the morning as everyone prepares for the day? You might hear the postman arrive or hear someone's alarm clock ring.

10. Prépare une cassette: enregistre les bruits du matin chez ta "famille". Enregistre un commentaire pour décrire les bruits.

Exemple: *Le réveil sonne . . .*

Marilyne se lève.

Elle prend une douche.

Elle fait du café.

Elle prend son petit déjeuner.

11. Tu te promènes dans le village à sept heures du matin. Que vois-tu?

Exemple: *Le café ouvre . . .*

Le facteur passe.

Madame Barthes, le maire, se lève.

On livre de la viande à la boucherie.

Quels autres magasins ouvrent?
Qui passe chez les gens?
Qui se lève?
Qu'est-ce qu'on livre aux magasins?

12. Décris les scènes. Invente des dialogues entre les habitants du village. Ensuite, prépare une cassette: enregistre ton commentaire et les conversations.

Reflexive verbs

Solange maquille Alessandra Bianchini.
Fabrizio Manarelli se maquille.

● You've met some **reflexive verbs** in this unit: they have an extra pronoun in between the **subject pronoun*** and the **verb**. This extra pronoun sometimes works a bit like 'myself' (or 'yourself', 'herself', etc.) in English.
Il se maquille = He makes himself up.

● Sometimes it works more like 'each other'.
Ils s'aiment = They love each other.

● Sometimes you can't really translate it into English.
Je me lève = I get up.

● When you look up the **infinitive** of a reflexive verb in the dictionary or in the glossary of this book, it will have *se* or *s'* in front of it.

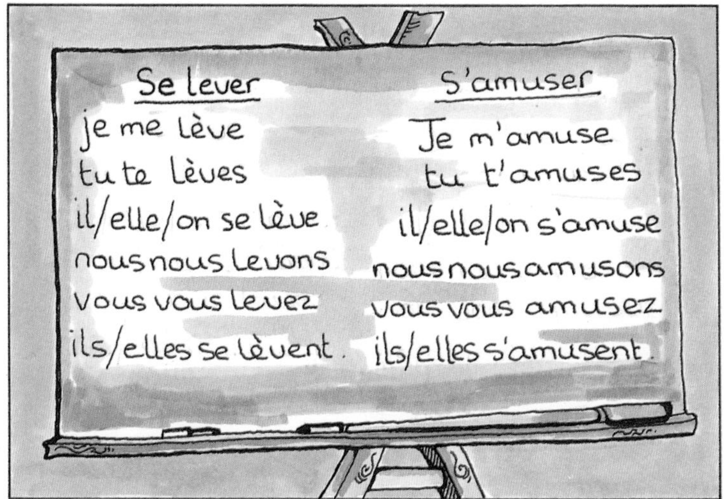

Se lever
je me lève
tu te lèves
il/elle/on se lève
nous nous levons
vous vous levez
ils/elles se lèvent.
S'amuser
Je m'amuse
tu t'amuses
il/elle/on s'amuse
nous nous amusons
vous vous amusez
ils/elles s'amusent.

*Subject pronouns = je, tu, il, elle, on, nous, vous, ils, elles.

9E **13.** Can you provide English subtitles for the following scenes?

a)
Je m'ennuie.
Tu t'ennuies?
b)
Elle se maquille trop!
c)
On s'aime.
d)
Vous vous amusez?
e)
Oui, nous nous entendons bien.
f)
Ils se disputent.

10 A

L'Inspecteur Marlovic

Alors, qu'est-ce que vous avez fait hier soir ?

J'ai joué au bridge avec des amis. D'habitude, nous nous installons dans le salon, mais hier soir nous avons joué dans mon bureau, au premier étage.

Vous avez joué au bridge avec votre sœur ?

Non, le bridge, c'est pour les intellectuels. Moi, je ne suis pas aussi douée que ma sœur et... je n'ai pas de mémoire.

Tu n'as pas de patience, c'est tout !

J'ai regardé la télé dans ma chambre : un documentaire sur les animaux... C'est plus intéressant que le bridge...

... Et puis je ne m'entends pas bien avec les amis de Marguerite. Gustave Jacquet est très gentil, mais je n'aime pas les Hémery... Ils sont...

Tu es méchante...

Vous avez parlé à vos amis ce matin?

Non, non.

Hier soir, on a volé un tableau de grande valeur chez les sœurs Bruneau...

Hier soir ?... Ce n'est pas possible! Nous avons joué au bridge avec Marguerite hier soir.

L'inspecteur Marlovic va voir Antoinette et Arthur Hémery.

Le tableau volé, c'est le tableau de Marguerite... Rosalie a probablement volé le tableau... Un très beau portrait, un tableau de grande valeur...

Marguerite est très riche, elle est plus riche que Rosalie... Rosalie est jalouse de Marguerite... Elles se disputent toujours...

Je sais! J'ai trouvé les coupables.

Mais... tu n'as pas parlé à Gustave Jacquet!

Et vous, chers téléspectateurs ? Vous avez trouvé ?

Solution page 146

TON NOM

1	2	3	4	5	

Lucile	Damien	Mona	Emmanuel	Myriam	Ahme

TA DESCRIPTION

1	2	3	4	5	

QU'EST-CE QUE TU SAIS FAIRE?

TES RAPPORTS AVEC TA FAMILLE

QU'EST-CE QUE TU AS FAIT HIER?

'EST-CE QUE TU VOUDRAIS REGARDER À LA TÉLÉ CE SOIR?

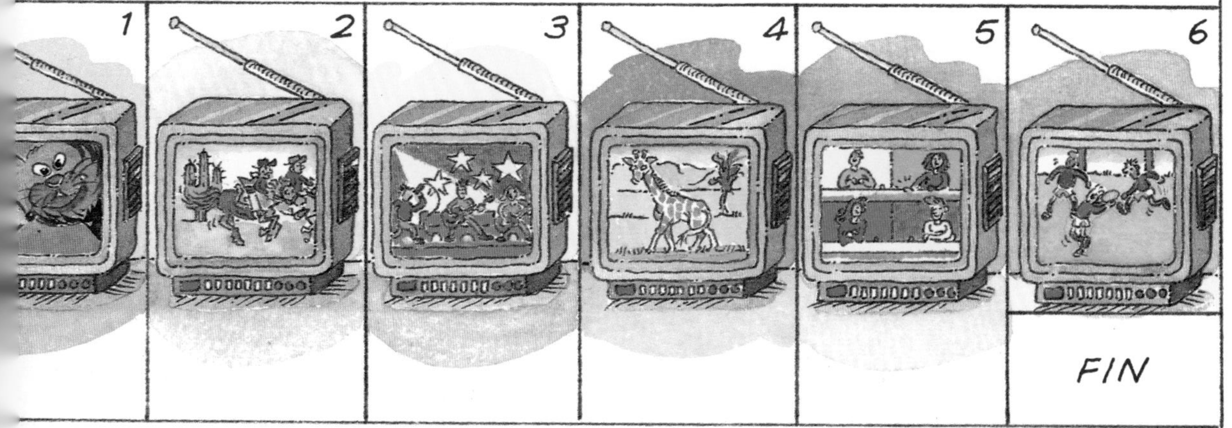

FIN

TES OBJECTIFS

In this unit, you will learn how to . . .

. . . invite someone to go somewhere

Ça te dirait d'aller à la piscine?
On pourrait aller au musée?

. . . react to something good or bad and say how you feel about it
Génial!/C'est super!/Zut alors!/Ce n'est pas juste.

. . . react to someone else's feelings
Tu as raison/Ne t'en fais pas.

. . . help someone sort out a problem

Tu pourrais/Vous pourriez/On pourrait . . .
Tu devrais/Vous devriez/On devrait . . .

Nabila sort avec les copains de Sophie . . .

On a passé une semaine ici, maintenant je dois discuter avec Sophie de son avenir.

Oui, tu as raison. Mais tu devrais éloigner Nabila pour être tranquille.

Tiens, voilà les copains de Sophie. On pourrait leur demander de sortir avec Nabila.

Oui, bonne idée. Je vais leur demander.

Bonjour.

Bonjour, monsieur.

Écoutez, je voudrais passer l'après-midi seul avec Sophie pour discuter avec elle de son avenir. Pourriez-vous inviter Nabila à sortir avec vous?

Oui, on pourrait.

Bien sûr!

Et si on allait au musée?

Bof! Non, c'est pas marrant.

Alors, allons à la patinoire.

Oh non! Je... euh... Nabila ne sait pas patiner.

Bon alors, on va à la piscine?

D'accord, bonne idée...

Tiens, la voilà! Salut, Nabila.

Ça te dirait d'aller à la piscine cet après-midi?

Oui, je veux bien.

Plus tard.

Qu'est-ce que tu vas faire cet après-midi?

Oh, je vais à la piscine avec les copains de Sophie...

Je vais chercher mon maillot et ma serviette.

Où va-t-elle? À la piscine?

Oui, avec tes copains.

Quoi?! D'abord, elle prend ma chambre et maintenant mes copains! Quel culot!

Calme-toi, Sophie. Il n'y a pas de mal à cela. Elle ne connaît personne ici.

La voilà! Elle part avec mes copains. Pourquoi ils ne m'invitent pas, moi? Bien sûr, elle est plus jolie que moi. Mais ce n'est pas juste. J'en ai marre.

Génial! Je vais passer un après-midi très chouette avec les copains de Sophie. Pauvre Sophie. Quelle tête elle fait!

PISCINE

Elle est pas mal, Nabila. Je me demande si je vais lui plaire. Je suis peut-être trop maigre. Jean est plus musclé que moi. Enfin, on verra bien.

Je me demande qui elle va préférer: Patrick ou moi? Je suis sûr qu'elle va préférer Patrick. Il est plus marrant que moi et il est moins timide.

1. Qui? Qui? Qui? Qui?

a) Qui boit du café?
b) Qui doit parler à Sophie?
c) Qui veut aller à la patinoire?
d) Qui invite Nabila à la piscine?
e) Qui va chercher un maillot et une serviette?
f) Qui fait la vaisselle?
g) Qui est très contente?
h) Qui n'est pas du tout contente?
i) Qui est plus musclé que Patrick?
j) Qui est plus marrant que Jean?

Grégoire

Amina

Sophie

Nabila

Estelle

Jean

Katya

Sarah

Patrick

On invite quelqu'un . . .

2. Travaille avec un(e) partenaire. Complète ces dialogues:

A

B

C

3. Travaille avec un(e) partenaire. Invite-le/la à sortir. Si tu as des difficultés pour choisir, fais cette roue, ferme les yeux, tourne l'aiguille au centre et invite ton/ta partenaire. Ensuite, change de rôle.

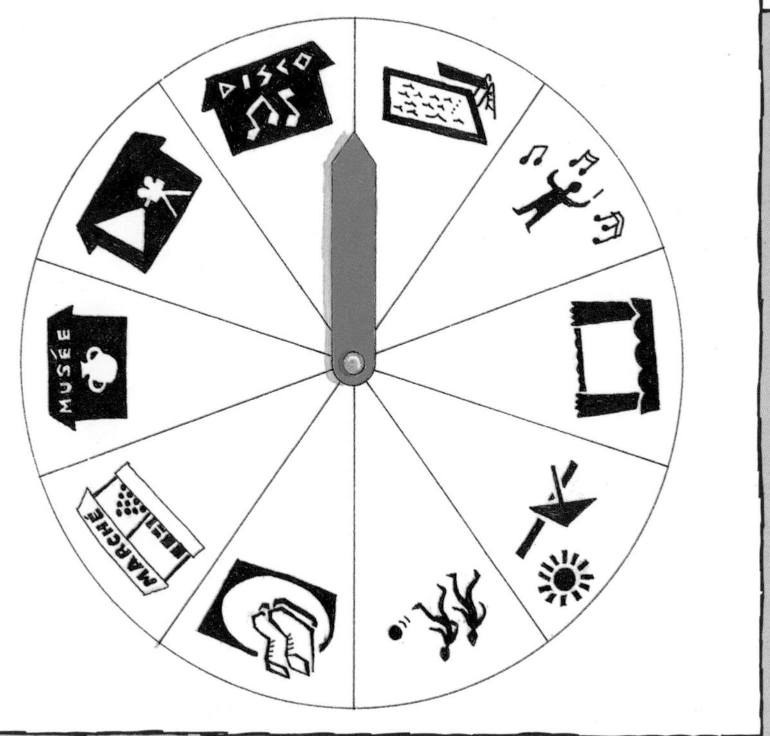

Ça va?/Ça ne va pas?

4. Choisis le conseil approprié à chacune de ces situations.

1 Tu pourrais manger moins de chocolat.

2 Tu devrais mettre ça à la banque.

3 Tu devrais aller au commissariat de police.

4 Tu pourrais lui demander pourquoi.

A 
Génial! J'ai gagné à la loterie! C'est un chèque de 200 francs.
Tu as de la chance ....

B 
Zut! J'ai perdu mon portefeuille.
Ne t'en fais pas ....
BILLETS

C 
Quoi! J'ai pris quatre kilos!
Calme-toi! ....

D 
Quel culot! Le prof m'a donné un sur dix pour mes devoirs. Ce n'est pas juste.
Tu as raison..... ....

5. Écoute la cassette. Qu'est-ce qu'ils disent?

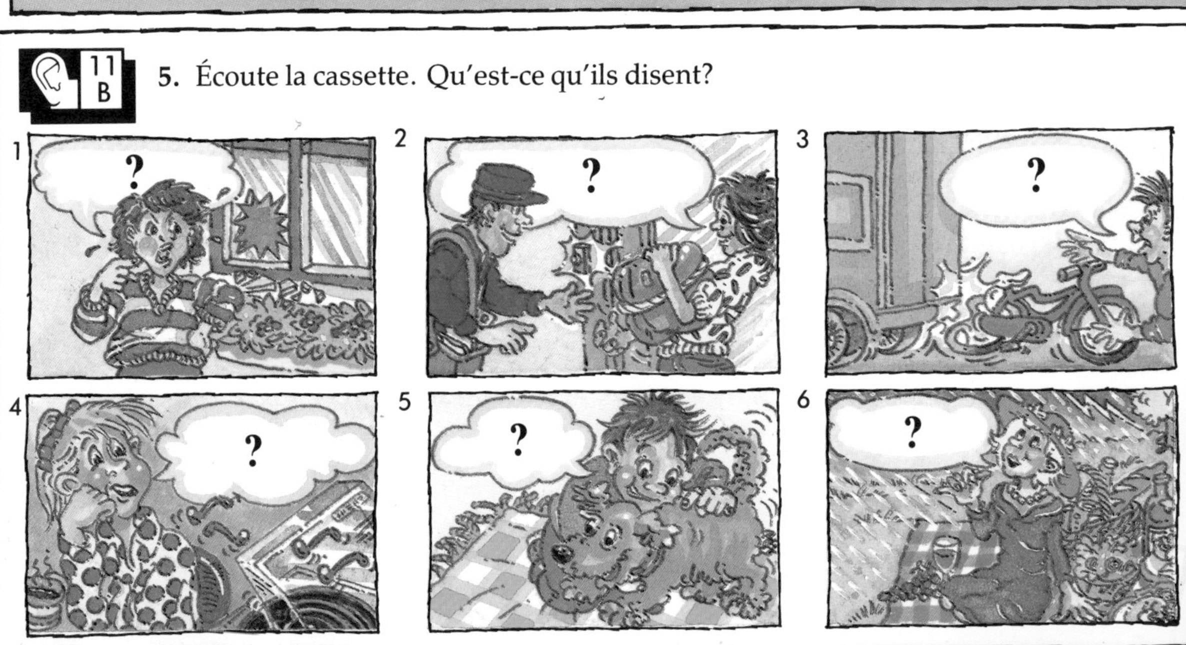

6. Écris le nom des cinq personnes dans ton cahier. Quel est leur problème? Choisis la bonne illustration.

Corinne Danielle Émilie
Guy Sylvain

A

B

C

D

E

7. Tu travailles pour la revue *Bonne Santé*. Lis les lettres suivantes:

Faire un régime.

Faire des exercices.

Faire du sport.

Faire du yoga.

Manger beaucoup de fruits et de légumes.

Lire un roman.

Sucer des bonbons.

Acheter du chewing-gum.

Boire du lait chaud.

Prendre un bain.

Je suis trop grosse. Je fais un mètre 60, mais je pèse 75 kilos. Je veux perdre 10 kilos. Qu'est-ce que je peux faire?

Patricia
Saint-Étienne

Je fume trop de cigarettes. Je fume trois paquets par jour. Je veux m'arrêter.

Cécile
Belgique

Je ne peux pas dormir la nuit. Je suis insomniaque.

Claude
Marseille

Réponds aux lettres et donne des conseils.

Chère Patricia,
Au lieu de manger

Chère Cécile,
Tu as raison.
Tu fumes trop.
Au lieu de fumer

Cher Claude
Calme-toi. Avant d'aller au lit

Au café

Many people meet in the village café in your invented village. Some talk about their problems and both give and receive advice. Others find romance there . . .

8. Qui sont les personnes dans le café? Comment s'appellent-elles? Que font-elles?

9. Termine les conversations.

10. Choisis deux autres personnes. Imagine leur conversation.

POINT LANGUE

Him, her, them (indirect object pronouns)

11. Can you pick out the words that mean **him, her** and **them?** How many words did you find?

There should only be two:
lui – him and her
leur – them

● In the pictures above, these words replace the names of the singers. Can you remember what sort of words replace nouns? These words are called pronouns. You learned several pronouns in Stage 1, like *je/tu/il/elle*.

● But there is another type of pronoun. It is used when you would often say in English 'to him', 'to her' or 'to them'. Look again at the cartoon pictures at the top of this page.

Here are some of the verbs that you will often be using with these pronouns:

acheter (to buy)
demander (to ask)
dire (to say)
donner (to give)
écrire (to write)
envoyer (to send)
expliquer (to explain)
offrir (to give as a present or offer)
parler (to speak to)
téléphoner (to phone)

12. Look at these cartoon pictures and say what you intend to do in each case.

Exemple:

e vais lui
woyer une carte.

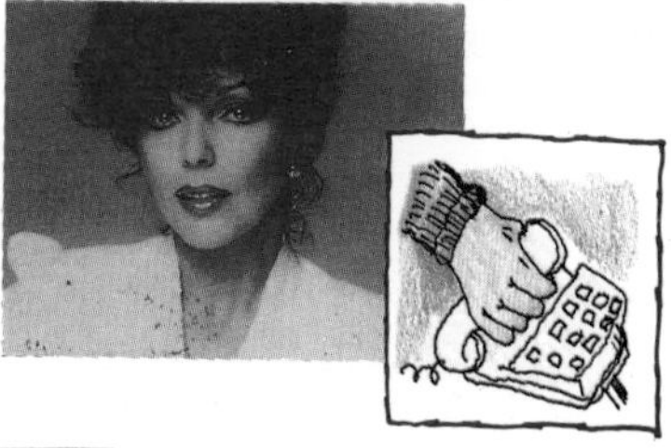

TES OBJECTIFS

In this unit, you will learn how to . . .

. . . enquire about someone's health and talk about your own

Ça va?
Ça ne va pas?
Qu'est-ce que tu as?
Qu'est-ce qu'il y a?

Je suis en pleine forme/Je n'ai rien.
Je n'ai pas la forme/Je ne suis pas en forme.

GUIDE MARIE CLAIRE
LE RÉGIME DE LA SUPER FORME
rentrée, vous allez rentrer chez vous en pleine forme

CAMAY. POUR ÊTRE SÛRE DE LUI PLAIRE.
Camay

. . . say that something or someone annoys you

Ça m'embête.
Ça m'énerve.
Il/Elle m'embête.

. . . say that you like or don't like something or someone

Ça me plaît.
Ça ne me plaît pas.
Il/Elle me plaît.

. . . negotiate a visit to the cinema

Si on allait au cinéma?
La Guerre des étoiles, *ça te dit?*
Oui, ça me dit.
Non, ça ne me dit rien.
Deux places, s'il vous plaît.

180F* LE PULL
MONOPRIX TU ME PLAIS TU SAIS.
EN VENTE DANS LES MONOPRIX UNIPRIX.
Du foulard coton à 35 F aux lunettes masque 25 F, ta passion de la mode, ça me plaît, tu sais !

Jupe : 50% polyester, 50% viscose.
NEW LOOK CRÉATION
MARQUE EXCLUSIVE MONOPRIX

Qu'est-ce qu'il y a, Sophie?

Qu'est-ce que tu as, Sophie? Ça ne va pas?

Si, si, ça va.

Mais qu'est-ce qu'il y a, Sophie? Tu n'as pas la forme.

Je n'ai rien. Je suis en pleine forme.

Je ne te crois pas. Je te connais.

C'est Patrick et Jean et les autres. Je ne les comprends pas. Ils invitent Nabila à sortir mais moi, ils ne m'invitent pas.

C'est de ma faute, Sophie.

Non. C'est de ma faute. Je n'ai pas été gentille avec Nabila. Des fois elle m'embête. Mais Patrick et Jean l'aiment bien, alors ...

Sophie, tu m'écoutes? J'ai demandé à tes copains de sortir avec Nabila.

Ah bon? Pourquoi?

Parce que j'ai envie d'être seul avec toi. Je veux te parler.

Alors tu me pardonnes?

Oui... enfin... tu veux parler de quoi?

Attends. D'abord on va sortir ensemble tous les deux. Si on allait au cinéma?

D'accord. Qu'est-ce qu'on va voir?

Bon. À l'Apollo un, il y a «Kung Fu Master» avec Jane Birkin.

Bof. Elle ne me plaît pas.

Bon. À l'Apollo trois, il y a «Au revoir les enfants». Ça te dit ?
Ah oui – ça me dit !
Au cinéma.
Deux places, s'il vous plaît.
OUEST
Cinquante francs, monsieur.
ENTRACTE
Ça te plaît ?
Oui. Ça me plaît beaucoup.
J'ai besoin d'un mouchoir. Tu as un Kleenex ?
Oui. Tiens...
Si on allait prendre un pot ?
D'accord.
Écoute, Sophie. Amina t'aime bien. Et moi, je t'aime aussi bien sûr. Enfin... nous voulons vivre avec toi.
CAFÉ
Chouette ! Vous allez rester à Nantes !
Ah non. Je ne peux pas. Mon travail est à Abidjan. Je repars en Afrique dans quelques semaines,
Sophie, tu pourrais vivre à Abidjan avec nous.
Ah non... enfin... je ne sais pas.

1. Qui est-ce?

a) Estelle ne la croit pas.
b) Sophie ne les comprend pas.
c) Patrick, Jean et les autres l'invitent à sortir.
d) Patrick, Jean et les autres ne l'invitent pas à sortir.
e) Quelquefois, elle embête Sophie.
f) Il veut parler à Sophie.
g) Elle pardonne à Grégoire.
h) Elle ne plaît pas à Sophie.
i) Le film lui plaît.
j) Amina l'aime bien.

2. L'entraîneur a un problème. Beaucoup de joueurs sont malades. Écoute les conversations. Écris le nom des joueurs dans ton cahier et souligne ceux qui ne vont pas jouer aujourd'hui.

Marraud Thys Kombouare Desailly Bracigliano Bade
Debotte Robert Rio Johnston Amisse

3. Formez des groupes de quatre. (**A, B, C** et **D.**)

A: Tu es l'entraîneur. Choisis des noms pour **B, C** et **D** parmi les noms des joueurs ci-dessus.

B, C et **D:** Vous devez répondre correctement aux questions de **A.**

Exemple:
A dit à **B**: *Amisse, ça va?*
B répond: *Non, ça ne va pas. Je n'ai pas la forme.*
A dit à **C**: *Debotte, ça va?*
C répond: *Oui, ça va. Je suis en pleine forme.*

4. Les 14–18 ans et le cinéma

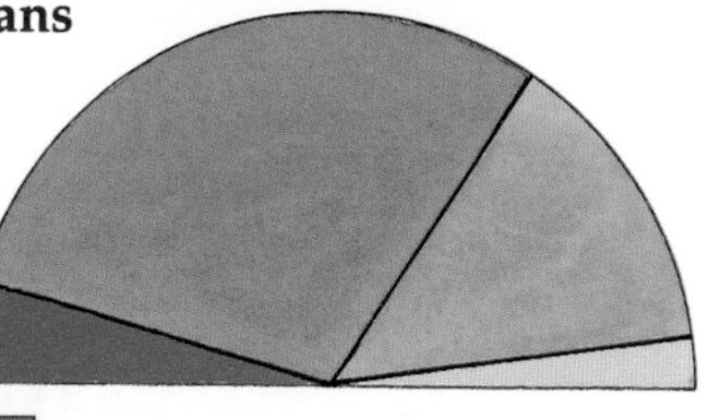

Ils l'aiment passionnément
Ils l'aiment beaucoup
Ils l'aiment un peu
Ils ne l'aiment pas du tout

Les 14–18 ans et la télévision

Dessine un schéma pour montrer ces réponses:

6% des jeunes l'aiment passionnément.

31% des jeunes l'aiment beaucoup.

59% des jeunes l'aiment un peu.

4% des jeunes ne l'aiment pas du tout.

Ça t'embête? Ça t'énerve?

(1) Ça t'énerve quand on passe un disque des années soixante à la radio?
– Oui, ça m'énerve.
– Non, ça ne m'énerve pas.

(2) Ça t'embête quand quelqu'un prend tes affaires sans te demander?
– Oui, ça m'embête.
– Non, ça ne m'embête pas.

(3) Ça t'embête quand tu dois ranger ta chambre?
– Oui.
– Non.

(4) Ça t'énerve quand on change continuellement de chaîne à la télé?
– Oui.
– Non.

(5) Ça t'énerve quand tu trouves le tube de dentifrice sans son bouchon?
– Oui.
– Non.

(6) Ça t'embête quand un chat te lèche?
– Oui.
– Non.

5. Sarah pose ces questions à Jean. Pour chaque réponse, note *oui* ou *non* dans ton cahier.

6. Travaille avec un(e) partenaire. Pose-lui les mêmes questions et note ses réponses dans ton cahier.

7. Myriam et Djamel décident d'aller au cinéma. Pour chaque film, écris *oui* dans la case de Myriam si ça lui plaît, et non si ça ne lui plaît pas. Fais de même pour Djamel.

	Myriam	Djamel
Le Flic de Beverly Hills		
Police Academy 5		
Tintin et le lac aux requins		
Manon des Sources		
Jean de Florette		

Copie cette grille dans ton cahier.

8. Solange et Damien vous proposent un jeu-test: *est-ce que tu es méfiant(e)?* Choisis **A** (Solange) ou **B** (Damien), puis note tes réponses ((a) ou (b)) dans ton cahier.

A

Solange

(1) Tu es dans un ascenseur avec Solange.
☐ (a) Tu lui parles.
☐ (b) Tu ne lui parles pas.

(2) Solange te dit: «Il y a un bon film au Gaumont.»
☐ (a) Tu l'invites.
☐ (b) Tu ne l'invites pas.

(3) Un copain te dit: «Ne sors pas avec Solange. Elle n'est pas sympa.»
☐ (a) Tu l'écoutes.
☐ (b) Tu ne l'écoutes pas.

(4) Tu as rendez-vous avec Solange. Elle arrive en retard.
☐ (a) Tu lui pardonnes.
☐ (b) Tu ne lui pardonnes pas.

(5) Solange te dit: «Je t'aime.»
☐ (a) Tu la crois.
☐ (b) Tu ne la crois pas.

B

Damien

(1) Tu es dans un ascenseur avec Damien.
☐ (a) Tu lui parles.
☐ (b) Tu ne lui parles pas.

(2) Damien te dit: «Il y a un bon film au Gaumont.»
☐ (a) Tu l'invites.
☐ (b) Tu ne l'invites pas.

(3) Une copine te dit: «Ne sors pas avec Damien. Il n'est pas sympa.»
☐ (a) Tu l'écoutes.
☐ (b) Tu ne l'écoutes pas.

(4) Tu as rendez-vous avec Damien. Il arrive en retard.
☐ (a) Tu lui pardonnes.
☐ (b) Tu ne lui pardonnes pas.

(5) Damien te dit: «Je t'aime.»
☐ (a) Tu le crois.
☐ (b) Tu ne le crois pas.

Les résultats

(1) a=2 b=1
(2) a=2 b=1
(3) a=1 b=2
(4) a=2 b=1
(5) a=2 b=1

Si tu as entre 1 et 5 points:
Tu es trop méfiant(e). Tu devrais faire plus confiance aux autres.

Si tu as entre 6 et 10 points:
Tu n'es pas méfiant(e). Quelquefois, tu devrais faire plus attention.

Le cinéma

Your village is small, but it has got a cinema. Choose a name for it. In Nantes, you'll find a cinema with the name of a Greek god, a place in ancient Greece, and one of Jupiter's planets.

9. Combien coûte l'entrée? Est-ce qu'il y a des réductions?

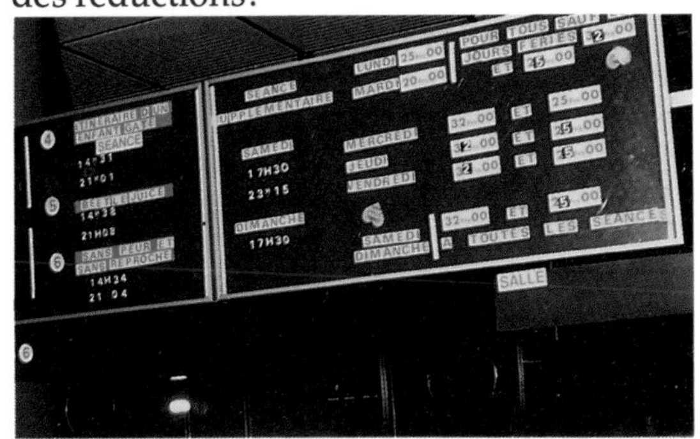

10. Quel film passe en ce moment? Choisis un de ces douze films. Dessine une affiche en français pour le film. Si le film n'est pas français, est-il en version originale ou en version française?

Les 15–25 ans: leurs films préférés

- *Midnight express*
- *West side story*
- *Diva*
- *Apocalypse now*
- *Les Uns et les autres*
- *Vol au-dessus d'un nid de coucou*
- *Les Aventuriers de l'arche perdue*
- *2001, Odyssée de l'espace*
- *Autant en emporte le vent*
- *Elephant man*
- *Amadeus*
- *La Guerre des étoiles*

11. Qui va au cinéma avec qui? Travaille avec un(e) partenaire. Choisis un membre de ta "famille" et un membre de la "famille" de ton partenaire. Écris la conversation entre les deux habitants du village.

12. Dessine l'intérieur du cinéma: dessine l'écran et l'image sur l'écran. (Tu peux utiliser des images découpées dans un magazine.)
Ce n'est pas un film français: écris un sous-titre en bas de l'écran. Que pensent les gens assis au premier rang? Dessine les bulles et écris dedans.

13. Prépare une annonce publicitaire pour le cinéma.

POINT LANGUE

The order of words in French sentences

● Lee is trying to work out why French sentences sometimes put things in a different order from English sentences.

Chère Françoise,
J'adore mes grands-parents. Ils habitent chez nous. **Ils ont sept petits-enfants. Mon grand-père m'aide.** Ma grand-mère est sympa aussi. **Je les respecte.** Mais souvent, on a des problèmes. Par exemple,

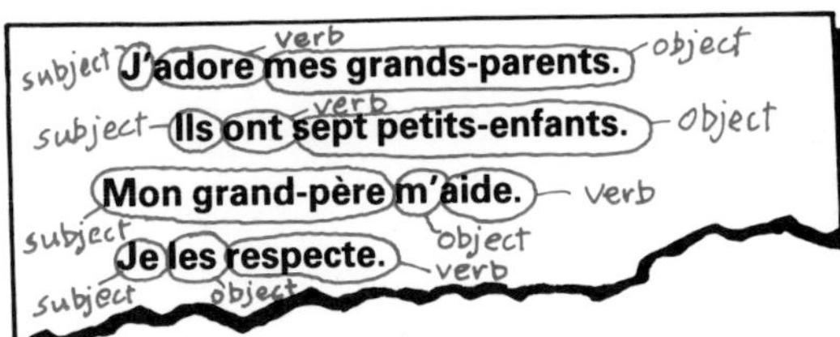

14. Copy these sentences into your exercise book and do the same with them as Lee has done (above).

Je fais la vaisselle: je la lave. Je l'essuie. Je la range.

Ok. I've worked out the rule for why the word order changes.
Right. Let's list all the object pronouns. We'll start with *me, te, nous* and *vous*, because they're easiest.

Right. Now explain how you know whether to use le, la, les, lui or leur.

I'll give you some examples and you can work it out for yourself. Right?

What is the rule?

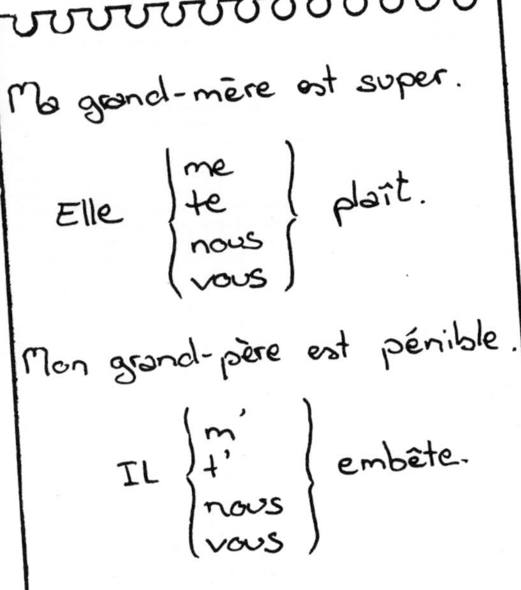

Je la vois souvent. = Je vois souvent ma grand-mère.

Je le respecte.

= Je respecte mon grand-père.

Je les adore.

= J'adore mes grands-parents.

Je lui écris.

= J'écris à ma grand-mère.

Je leur raconte tout.

= Je raconte tout à mes grands-parents.

TES OBJECTIFS

In this unit, you will learn how to . . .

. . . cope with language at the swimming pool:

– buying tickets

Deux entrées, s'il vous plaît.

– asking if you can hire equipment

Je peux louer un maillot, s'il vous plaît?

– finding out what you must and mustn't do

Il faut mettre un bonnet?

– enquiring about opening times

La piscine est ouverte tous les jours/toute la journée?

. . . say how well or badly you or someone else can do something

Je nage bien/mal.

OUVERT TOUTE L'ANNÉE

du 1er avril au 1er novembre	tous les jours de 14 h à 18 h
du 2 novembre au 31 mars	tous les dimanches de 14 h à 18 h

39, boulevard Saint-Aignan
44100 NANTES

L'enfance et le temps retrouvé par la poupée et le jouet (1830-1930)

VISITES : - du 15 octobre au 15 avril - Tous les jours de 14 h 30 à 17 h 30 sauf lundi, mardi et jours fériés.
- du 15 avril au 15 septembre - Tous les jours de 14 h 30 à 17 h 30 sauf le dimanche, lundi, mardi et jours fériés.

Fermeture annuelle du 15 septembre au 15 octobre.

GOULAINE

Château en Bretagne, Château de la Loire

Mille années d'Histoire, d'Architecture et de Vignobles, ...et ses merveilleux Papillons!

• Visite guidée du Château et de la "Volière aux Papillons" : de Pâques à la Toussaint, week-ends et fêtes. Entre le 15 juin et le 15 septembre, tous les jours sauf mardi : 14h à 18h30. Pour les groupes, le Château est ouvert toute l'année, matin et après-midi sur rendez-vous. Diverses formules peuvent agrémenter la visite : dégustation de vins ;

Les horaires d'ouverture

Patrick, Jean, Katya et Sarah vont à la piscine avec Nabila . . .

PISCINE

Tu vas voir mon frère à la piscine. Il est moniteur.

Il a trouvé du travail, alors?

Oui... enfin ça va durer quelques semaines seulement. Un des moniteurs est malade. Alors, Jean-Luc le remplace.

VESTIAIRES

Il faut mettre un bonnet? Moi, je n'en ai pas.

Non, je ne crois pas.

Cinq entrées, s'il vous plaît. Et est-ce que je peux louer un maillot, s'il vous plaît, madame?

Oui, bien sûr. Ça vous fait 65 francs en tout.

Tu as oublié ton maillot?

Non. Je l'ai perdu.

Où ça?

Je ne sais pas. C'est pour ça que je l'ai perdu.

Vous faites quelle taille, monsieur?

Je fais du trois.

Ah, mais il est rouge. Ça ne me va pas du tout. Vous n'avez pas la même chose en bleu? Vous voyez, madame, avec la couleur de mes cheveux...

Je suis désolée, monsieur. Tous nos maillots sont rouges.

Arrête de faire l'imbécile.

Eh vous! Les petits voyous! Il ne faut pas faire de chahut!

NITEUR

Salut, Jean-Luc. Je te présente Nabila, notre copine ivoirienne. Et puis il y a les autres, mais tu les connais.

Bonjour, Nabila.
Bonjour, Jean-Luc.
Il nage bien, Jean.
Tu crois? C'est pour t'impressionner. D'habitude il nage très mal.
Aujourd'hui vous avez tous de la chance. Je vais plonger.
Bravo!
Bravo!
Mais Nabila ne le regarde pas!
Ton travail t'intéresse?
Bof! C'est mieux que rien. Mais j'ai un brevet de mécanicien.
J'ai eu quelques emplois temporaires, mais c'est tout. Je voudrais trouver quelque chose de permanent.
MONITEUR
Une demi-heure plus tard.
Alors Grégoire, c'est ton beau-père. Vous vous entendez bien?
MONITEUR
Oui – enfin, je connais Grégoire mieux que mon vrai père.
Je n'ai jamais vraiment connu mon père. Quand mes parents ont divorcé, il a quitté Abidjan. Il habite très loin.
Je l'ai vu peut-être cinq ou six fois. Mais il est gentil. Il est ingénieur. Ça t'intéresse?
Bien sûr. Écoute. Je suis libre à dix-huit heures. Si on allait tous prendre un pot?

Test de mémoire

1. Sans regarder le texte, réponds aux questions.

a) Qui a perdu son maillot?
b) Qui a trouvé du travail?
c) Qui a eu quelques emplois temporaires?
d) Qui a vu son vrai père cinq ou six fois?
e) Qui n'a jamais vraiment connu son père?
f) Qui s'entend bien avec son beau-père?
g) Qui nage bien?
h) Qui n'a pas de bonnet?
i) Qui est moniteur?
j) Qui est ingénieur?

2. a) Trouve la bonne phrase pour chaque symbole:

A

B

C

D

E

F

1 **IL FAUT PRENDRE UNE DOUCHE.**

2 *IL FAUT METTRE UN BONNET.*

3 IL NE FAUT JAMAIS COURIR.

4 ***Il ne faut jamais nager seul.***

5 **Il ne faut pas faire de bruit.**

6 **IL NE FAUT PAS NAGER APRÈS UN REPAS LOURD.**

b) Choisis un symbole. Ton/Ta partenaire doit dire la phrase correspondante.

3. Écoute les conversations. Écris dans ton cahier le nom des articles.

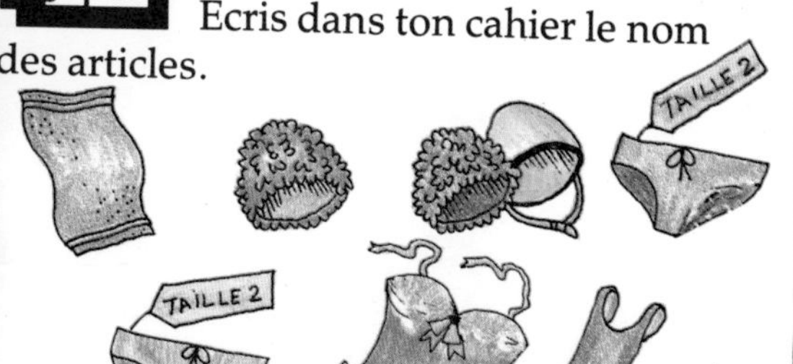

4. Jeu de devinettes. Travaille avec un(e) partenaire.

Exemple:
A travaille à la piscine.
Il/Elle a un seul article à louer (un maillot, un bonnet ou une serviette). Il/Elle l'écrit dans son cahier.
B dit: *Est-ce que je peux louer . . . (par exemple: un bonnet)?*
A répond: *Oui* ou *Non*.

5. Francis Gast est journaliste sportif.

Son fils lui demande s'il connaît des gens célèbres. Écoute ses réponses et dans ton cahier écris:

(i) s'il les connaît bien. (*Oui* ou *Non*.)

(ii) où il a connu ces gens.

Yannick Noah

Michel Platini

Alain Prost

Muriel Hermine, championne française de natation synchronisée.

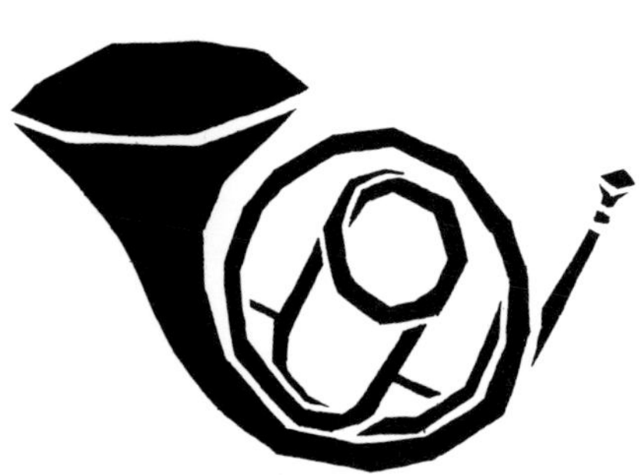

13
D

6. Tu es membre du jury du conservatoire de musique. Tu dois dire si chaque candidat(e) chante ou joue bien ou mal.

Exemple: *Le candidat numéro un joue bien.*

7. Qui devrait écrire à qui?

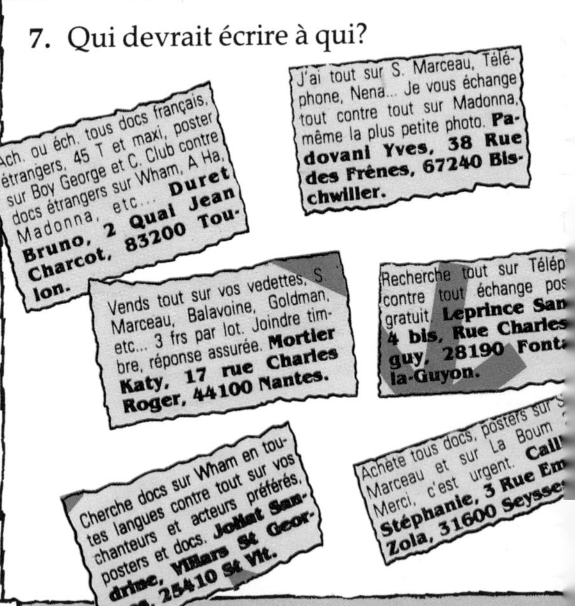

Ach. ou éch. tous docs français, étrangers, 45 T et maxi, poster sur Boy George et C. Club contre docs étrangers sur Wham, A Ha, Madonna, etc.... **Duret Bruno, 2 Quai Jean Charcot, 83200 Toulon.**

J'ai tout sur S. Marceau, Téléphone, Nena... Je vous échange tout contre tout sur Madonna, même la plus petite photo. **Padovani Yves, 38 Rue des Frênes, 67240 Bischwiller.**

Vends tout sur vos vedettes, S. Marceau, Balavoine, Goldman, etc... 3 frs par lot. Joindre timbre, réponse assurée. **Mortier Katy, 17 rue Charles Roger, 44100 Nantes.**

Recherche tout sur Télép contre tout échange pos gratuit. **Leprince San 4 bis, Rue Charles guy, 28190 Fonta la-Guyon.**

Cherche docs sur Wham en toutes langues contre tout sur vos chanteurs et acteurs préférés, posters et docs. **Joliat Sandrine, Villars St Georges, 25410 St Vit.**

Achète tous docs, posters sur S Marceau et sur La Boum Merci, c'est urgent. **Call Stéphanie, 3 Rue Em Zola, 31600 Seysse**

8. Trouve la réponse à chaque question.

(Voir la page 88)

Tourisme et loisirs dans la région nantaise

A Vous voulez manger, mais vous avez votre chien avec vous?

B Vous voulez voir des panthères?

C Les poupées vous intéressent?

D Les papillons vous intéressent?

1 Il faut visiter le Château de Goulaine.

2 Il faut aller à l'auberge de Bel Air à Ancenis-St-Herblon.

3 Il faut visiter le Musée de la Poupée.

4 Il faut aller au zoo.

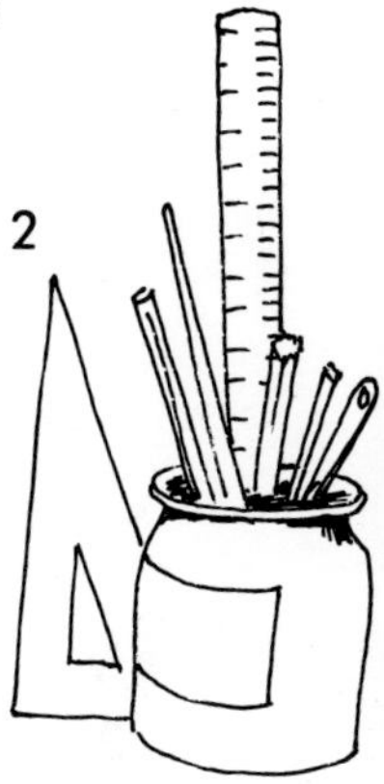

9. Travaille avec un(e) partenaire.
A note dans la grille les horaires d'ouverture du Musée de la Poupée (avec un P) et du zoo (avec un Z). **B** note sur la grille les horaires d'ouverture du Château de Goulaine (avec un C) et du restaurant (avec un R).
Ensuite, pose des questions à ton/ta partenaire.

Exemple:
Le château (le musée, etc.),
– C'est ouvert tous les jours?
– C'est ouvert le lundi toute la journée?
– C'est ouvert le lundi entre 12 h 00 et 12 h 20?, etc.

Note les réponses de ton/ta partenaire dans la grille.

	lundi	mardi	mercredi	jeudi	vendredi	samedi	dimanche
12 h 00							
12 h 30							
etc.	**Copie et complète cette grille dans ton cahier.**						
21 h 30							
22 h 00							

La semaine de la santé

It's health and fitness week at the *Maison des Jeunes*, in your invented village.

10. Dessine un poster sur l'alimentation saine.
Il faut manger . . .
Il faut boire . . .
Il ne faut pas manger/boire trop de . . .

11. Prépare une cassette d'exercices physiques, en français. Enregistre les instructions. Ajoute de la musique.

12. Prépare un poster avec des photos de sportifs français célèbres (hommes et femmes).

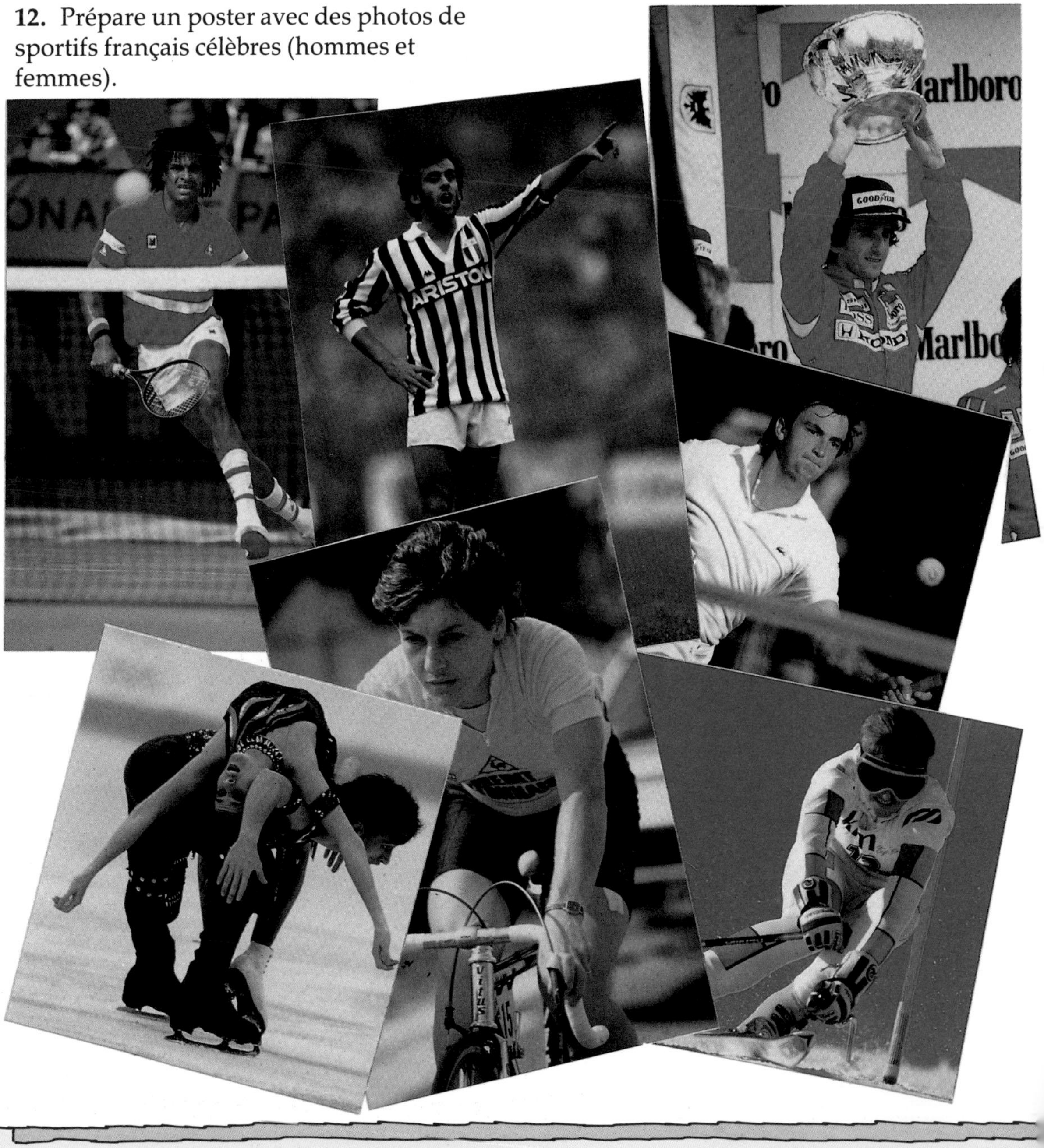

POINT LANGUE

a) Il faut . . .

● You can use *Il faut* with a verb in the infinitive to say what people must do.

Which of the four pieces of advice below do you think is the most important?

Okapi : *Quelles sont les qualités nécessaires pour gagner le Paris-Dakar ?*

Cyril Neveu : Il faut être un bon pilote mais, surtout, il faut être un bon navigateur, savoir utiliser la boussole, les cartes, et analyser la topographie du terrain.
Il faut aussi être mécanicien, savoir changer un moteur ou réparer une fourche.
Enfin, il faut avoir un supermoral, ne jamais baisser les bras car, même quand la malchance frappe, rien n'est jamais fini dans le Paris-Dakar!

avoir un supermoral = to have a lot of pluck

13. What other advice would you give to anyone wanting to win the Paris-Dakar rally?

Il faut . . .

● You can use *Il ne faut pas* with the infinitive to say what people mustn't do.

Here's some advice about deep-sea diving:

VOTRE PREMIÈRE PLONGÉE SOUS-MARINE

(i) Il ne faut pas paniquer. La panique, c'est la mort.
(ii) Il ne faut pas remonter à la surface trop vite.
(iii) Il ne faut pas plonger seul.
(iv) Il ne faut pas toucher les anémones de mer.

14. Can you match the advice given above with the reason for giving it (below)?

(a) Les bulles de gaz peuvent bloquer la circulation.
(b) Dans la panique, on veut instinctivement remonter à la surface, mais c'est dangereux.
(c) Elles irritent la peau.
(d) On a souvent besoin d'aide.

b) Tout, toute, tous et toutes

● The word meaning 'everything' is *tout:*

Okapi : *Peux-tu nous décrire l'ambiance qui règne aux J.O. ?*
Didier Bouvet : Tout est très impressionnant. L'organisation est exceptionnelle. Il y a le village olympique, où tous les athlètes sont rassemblés. Il faut un laissez-passer pour rentrer dans ce village.

J.O. = Jeux Olympiques.

15. The word meaning 'all' is spelt in four different ways. Can you work out why?

Okapi : *Comment vous préparez-vous pour le Paris-Dakar ?*
Cyril Neveu : De deux façons. Je fais du sport toute l'année – tous les genres de sports – et de la moto, bien entendu.
Deux mois et demi avant le départ du ... ratiquer ... footing,

Okapi : *Combien coûte une moto de Grand Prix ?*
Raymond Roche : Il n'y a pas de chiffres exacts, mais si un pilote veut acheter une moto, c'est-à-dire, en fait, pour une saison complète, deux motos, un moteur et toutes les pièces, il faut compter entre 2,5 et 3 millions de francs.

Okapi : *Vous vous entraînez beaucoup ?*
Muriel Hermine : Je m'entraîne tous les jours à l'Insep (Institut national du sport et de l'éducation physique) : de quatre à cinq heures de piscine, avec l'équipe de France et notre entraî-neur : Francine

Okapi : *Est-ce que vous parlez à votre cheval ?*
Yves Saint-Martin : Tout le temps.

TES OBJECTIFS

In this unit, you will learn how to . . .

. . . say where you've been

Je suis allé(e)/resté(e); on est allé/resté . . .
Nous sommes allé(e)s/resté(e)s . . .

. . . say how you got back or came

Je suis rentré(e)/venu(e); on est rentré/venu à pied/à cheval.
Nous sommes rentré(e)s/venu(e)s à vélo/à mobylette/en voiture/en autobus/en taxi.

. . . say when you left, went out, arrived and got back

Je suis parti(e)/sorti(e)/arrivé(e)/rentré(e) + time
Nous sommes parti(e)s/sorti(e)s/arrivé(e)s/rentré(e)s + time

. . . talk about other people who have done the same things

Il est allé/arrivé/parti/rentré/resté/sorti/venu . . .
Elle est allée/arrivée/partie/rentrée/restée/sortie/venue . . .
Ils sont allés/arrivés/partis/rentrés/restés/sortis/venus . . .
Elles sont allées/arrivées/parties/rentrées/restées/sorties/venues . . .

Chez les Thireau . . .

Il est quelle heure, Grégoire?

Il est 11 heures 20.

C'est très tard. Où est Nabila? Elle est sortie cet après-midi à trois heures et elle n'est pas encore rentrée.

Oui, je sais. Je vais téléphoner à Jean.

Allô. Bonsoir, Madame Lassègue. Excusez-moi de vous déranger à cette heure. Je voudrais parler à Jean, s'il vous plaît... Comment?... Il est au lit?... Il est rentré à huit heures? Bon, merci... Bonsoir, madame.

Je vais essayer Patrick... Allô. Patrick? Bonsoir. C'est Monsieur Thireau. Est-ce que Nabila est avec toi?

Euh... non. Nous sommes allés à la piscine, et puis nous avons mangé en ville et puis Jean et moi, on est rentré. Nabila est partie avec Katya, Sarah et mon frère, Jean-Luc.

D'accord. Merci, Patrick.

Amina, elle est sortie avec des copines et Jean-Luc, le frère de Patrick.

D'accord, mais il est tard. Où est-elle?

Bonsoir, tout le monde. Tiens! Je suis fatiguée. Je vais tout de suite au lit. Bonne nuit.

Une minute, Nabila. Écoute... Tu es partie à trois heures et tu rentres à 11 heures 30 sans appeler. Ça ne va pas, ma fille. Tu es folle? Qu'est-ce que tu as fait tout ce temps?

Alors, je suis allée à la piscine avec Patrick, Jean, Katya et Sarah.

À la piscine, j'ai rencontré Jean-Luc, le frère de Patrick.

Oui. On a téléphoné à Patrick.

Ah bon? Vers six heures on est allé manger en ville.

Puis deux copains de Katya et Sarah sont entrés dans le café.

Discothèque Vendredi soir à 20 h 00!

Taxi 0217

Alors, on a décidé d'aller dans une discothèque ...

Mais Jean et Patrick sont rentrés chez eux. Je ne sais pas pourquoi.

Eh bien, nous sommes allés dans cette discothèque, c'était vraiment bien. On a beaucoup dansé. Je me suis très bien amusée.

Après, on est allé prendre un pot au café. On a parlé de la Côte d'Ivoire et de la vie à Nantes.

Puis à 10 heures 30 je suis partie avec Katya à mobylette, mais sa mobylette est tombée en panne.

Alors, on a téléphoné à son père. Il est venu nous chercher et donc je suis rentrée avec lui en taxi. Et voilà! Alors, ça va? Je peux aller me coucher maintenant? Je suis fatiguée.

Bonne nuit.

Bonne nuit . . .

1. Où est allée Nabila ? Mets ses activités dans le bon ordre. Copie les phrases dans ton cahier.

a) D'abord, elle est allée ....
b) Puis, elle est allée ....
c) Ensuite, ...
d) Puis, ...
e) Enfin, ...

2. Travaille avec un(e) partenaire. Cet été, tu n'es pas allé(e) en vacances mais tu as fait beaucoup d'excursions. Explique à ton/ta partenaire où tu es allé(e).

3. Travaille avec un(e) partenaire. Tu as reçu des souvenirs de ta famille et de tes copains et copines. Explique à ton/ta partenaire où ils/elles sont allé(e)s.

1 
mes grand-parents

2 
ma copine, Isabelle

3 
ma tante Sylvie

4 
mes cousins

5 
mes copines, Julie et Cécile

6 
mon oncle Victor

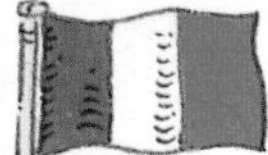
la France

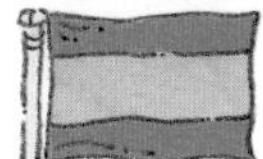
l'Espagne

la Chine

l'Australie

la Grèce

l'Union Soviétique

Qui suis-je?

Monsieur et Madame Fourneau sont rentrés en voiture.

Brigitte et Michèle sont rentrées en taxi.

Madame Mollet est rentrée à moto.

Patricia est rentrée à cheval.

Jean-Pierre est rentré à vélo.

Monsieur Laporte est rentré en autobus et à pied.

4. Écoute la cassette et complète les phrases suivantes dans ton cahier.

Exemple: *Je suis rentrée à moto. Je suis Madame Mollet.*

Je suis rentrée	Je suis ....
Nous sommes rentrées	Nous sommes ....
Je suis rentré	Je suis ....
Nous sommes rentrés	Nous sommes ....
Je suis rentré	Je suis ....

5. Travaille, avec un(e) partenaire.
Demande à ton partenaire: *Tu es rentré(e) comment?* Ton partenaire doit répondre: *Je suis rentrée à moto.* Tu lui dis: *Alors, tu es Madame Mollet et tu habites au numéro cinq.*

6. Demande à cinq personnes dans ta classe: *Comment es-tu venu(e) à l'école ce matin?* Écris les réponses dans ton cahier.

Exemple:

Nom	*Moyen de transport*
John Rowley	*à vélo*

Maintenant, fais un résumé de tes résultats. Écris par exemple:

Kelly et John sont venus à vélo.
Sally est venue en voiture, etc.

7. Écoute cette conversation et trouve la bonne heure pour chacune des activités de Patrick.

A

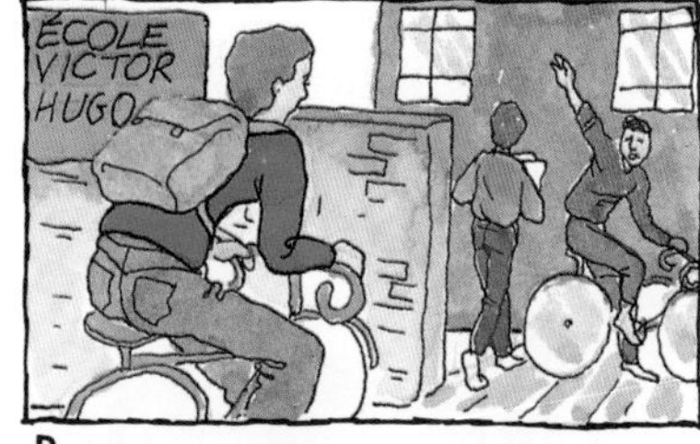

B

C

D

E

F

1

2

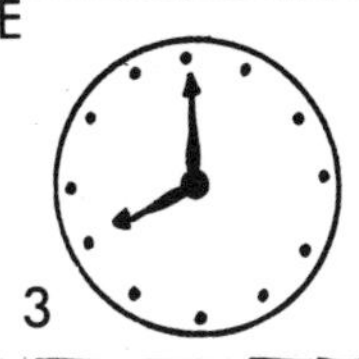
3

4

5

6

8. Copie la grille dans ton cahier. Écoute la cassette. Où sont allés Monsieur et Madame Tedjini et à quelle heure? Écris les réponses dans ta grille.

Monsieur Tedjini		**Madame Tedjini**	
l'heure?	*où?*	*l'heure?*	*où?*
8h 00	la gare SNCF		

Copie cette grille dans ton cahier.

chez nous

le marché

l'école primaire

l'hôtel Astoria

la gare SNCF

l'aéroport

l'hôpital

chez grand-mère

le château

l'hôtel Bourgogne

TON VILLAGE

Les moyens de transport

Now you could think about all the means of transport that the people in your invented village use. How do they get about and where do they go?

9. Voici cinq moyens de transport. À qui sont-ils?

Exemple: *Monsieur Leblanc, le fermier, a une Renault.*

10. Hier, les cinq personnes sont sorties. Où sont-elles allées?

Exemple: *Hier, Monsieur Leblanc est allé au casino.*

11. Deux personnes du village parlent de leur sortie. Écris la conversation.

Phrases utiles:

Je suis allé(e) seul(e)/avec . . .
Je me suis bien amusé(e).
C'était vraiment bien/intéressant.
Je suis tombé(e) en panne.
Je suis arrivé(e)/rentré(e) à 11 heures/en retard.

Exemple:

Monsieur Leblanc: Bonjour, Simone. Qu'est-ce que tu as fait hier?
Simone: Bonjour, Henri. Je suis allée à une manifestation à Paris.
Monsieur Leblanc: Quoi! Une manifestation?
Simone: Oui, contre le chômage. C'était vraiment bien. Et toi, où es-tu allé?
Monsieur Leblanc: Je suis allé au casino. Au début, je me suis très bien amusé. J'ai gagné beaucoup d'argent . . .
Simone: Félicitations!
Monsieur Leblanc: Puis, j'ai perdu beaucoup d'argent . . .
Simone: Tiens! Tu es à pied. Où est ta voiture?
Monsieur Leblanc: Eh bien, j'ai perdu aussi ma voiture.

POINT LANGUE

Saying where you've been: using the perfect tense with *être*

En 1984, je suis allé en Tunisie.
Tiens! C'est joli ça.

10 minutes plus tard:

Puis en 1985, je suis allé en Australie.

20 minutes plus tard:

Puis en 1986, ma femme est allée en Angleterre.

30 minutes plus tard:
Puis en 1987, les enfants sont allés en Suisse.

Une heure plus tard.
Et voici nos cousines. En 1988, elles sont allées sur la Côte d'Azur.

● Have you noticed that in French, when you say where you have been there are two parts to the verb? You have seen this before when you used the perfect tense with *avoir* in earlier units. Now the two parts are:

a) a part of the verb *être:*
for example, *je suis/tu es/il est/elle est/on est/ nous sommes/vous êtes/ils sont/elles sont*

b) and a part of the main verb itself, the **past participle:**
for example, *allé*

● The past participles behave like adjectives.
Did you notice that if the person who has gone somewhere is a girl or woman there is an ***e*** added to the past participle?
*Ma femme est allé**e** à Paris.*
If there is more than one girl or woman then it is spelt with an ***es*** at the end.
*Les voisines sont allé**es** à Paris.*
If there is more than one boy or man, or a mixed group of male and female people, there is an ***s*** added to the past participle:
Mes enfants (boys and girls) *sont allé**s** à Paris.*

● There is a limited number of verbs that use *être* and a past participle when you are talking about the past.
These are nearly all verbs to do with going and coming. Here is a list of these verbs (you will see that most of them fall into 'pairs'):

aller – to go	*je suis allé(e)* – I went
venir – to come	*je suis venu(e)* – I came
monter – to go up*	*je suis monté(e)* – I went up
descendre – to go down*	*je suis descendu(e)* – I went down
entrer – to come in	*je suis entré(e)* – I went in
sortir – to go out	*je suis sorti(e)* – I went out
arriver – to arrive	*je suis arrivé(e)* – I arrived
partir – to leave	*je suis parti(e)* – I left
rester – to stay	*je suis resté(e)* – I stayed
tomber – to fall	*je suis tombé(e)* – I fell
rentrer – to get back	*je suis rentré(e)* – I got back
revenir – to come back	*je suis revenu(e)* – I came back

* *monter* can also mean to get on or into a car, train or bus, etc.
* *descendre* can also mean to get off or out of a car, train or bus, etc.

12. Draw the slides or photographs of your holidays during the last ten years.

For example: *En 1988, je suis allé(e) . . .*
If you didn't go on holiday, then draw what you did at home and say:
Je suis resté(e) chez moi.

Unité
15

15
A

Destination Abidjan

J'ai la cassette-vidéo d'un téléfilm «Destination Abidjan». Ça te dit?
On va voir Abidjan! Super!

Où est Éric?
Je ne sais pas... Il est sorti à trois heures mais... il n'est pas encore rentré.
DESTINATION ABIDJAN

Oh là là... Ma moto est tombée en panne. Je suis rentré en taxi...
La patronne veut te voir...

Zut alors! Mais qu'est-ce que j'ai fait? Je... Je...
Calme-toi!

Quelle tête!
Pauvre Éric!

J'ai besoin d'un reporta
à Abidjan.
Et j'ai pens
à vous... Ç
vous dirait
d'aller en
Côte d'Ivoir

Moi? Oui, bien sûr...

Bonjour. Ça ne va pas?

Si, si... Ça va... très bien... Je suis en pleine forme... Merci.

Pardon?

Très bien. Dites-moi, la Côte d'Ivoire, ça vous plaît?

Félicitations!

Je vais en Afrique... À Abidjan.

Tu as de la chance!

Ce n'est pas juste!

J'ai trouvé des renseignements... Côte d'Ivoire... Superficie: 322 000 kilomètres... Population: 7 000 000 d'habitants... Climat: équatorial... Capitale: Abidjan...

Oui, je sais tout ça, mais...

Tu devrais téléphoner à Gilles. Il est déjà allé en Côte d'Ivoire.

D'accord. Bonne idée!

Abidjan... Oui, je suis allé à Abidjan l'année dernière. Avec des copains, on est parti de Paris en voiture. On est allé en Espagne, on a pris un bateau pour le Maroc. Et puis on est allé en Mauritanie, au Mali, au Burkina Faso, et en Côte d'Ivoire. Quel voyage! Notre voiture est tombée en panne dix fois...

J'en ai marre! Ils jouent mal! Et je voudrais voir Abidjan, moi.

Calme-toi! Il est à l'aéroport!

Tu devrais louer une voiture et visiter l'intérieur du pays.

Bonne idée!

Il ne faut pas nager dans la mer. C'est très dangereux.

Mais je nage bien...

Il est arrivé. On va voir Abidjan.

Zut alors!

Zut! On n'a pas le reste du film. C'est la fin de la cassette!

Quoi? Ce n'est pas possible!

Les questions:

1. Où es-tu allé(e)?

2. Comment y es-tu allé(e)?

3. À quelle heure es-tu parti(e) de chez toi?

4. À quelle heure es-tu arrivé(e) là-bas?

5. Qu'est-ce que tu as dit à ton copain/ta copine?

PISCINE 30	30	5	20	SNCF 25	10
10	10	25	20	5	25
30	MAISON DES JEUNES 20	AU DÉPART 15	5	25	15
5	15	20	15	LA SOURCE 15	CINÉMA GAUMONT 25
30	5	CINÉMA 10	20	30	10

TES OBJECTIFS

In this unit, you will learn how to . . .

. . . buy food and understand recipes:

– saying what you need/what you are going to buy	*J'ai besoin de . . ./Je voudrais . . ./ Je vais prendre . . .*
– saying how much you need	*J'en voudrais cent grammes/une livre/un kilo/une douzaine.*
– stating your choice	*Je prends celles-ci/celles-là.*
– asking for and understanding prices	*Vous les vendez combien?/Ça fait combien? Soixante-dix francs le kilo.*
. . . say where a place is in relation to another	*Au sud/Au nord/À l'est/À l'ouest/Au sud-est/Au nord-ouest.*

CUISINE VENUE D'AILLEURS

CÔTE-D'IVOIRE

LA PÉPÉ SOUPE D'AMADOU***

Même quand il fait très chaud, le soir, à Abidjan, c'est agréable de dîner avec une bonne soupe à la viande. Amadou vous invite à déguster sa « pépé soupe », un plat chaleureux de fête !

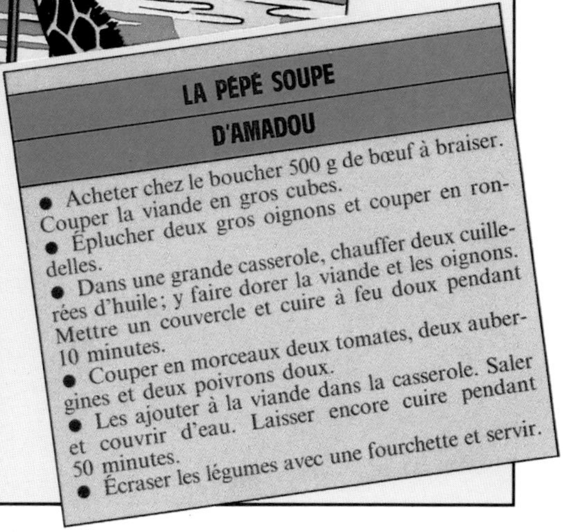

LA PÉPÉ SOUPE D'AMADOU

- Acheter chez le boucher 500 g de bœuf à braiser. Couper la viande en gros cubes.
- Éplucher deux gros oignons et couper en rondelles.
- Dans une grande casserole, chauffer deux cuillerées d'huile; y faire dorer la viande et les oignons. Mettre un couvercle et cuire à feu doux pendant 10 minutes.
- Couper en morceaux deux tomates, deux aubergines et deux poivrons doux.
- Les ajouter à la viande dans la casserole. Saler et couvrir d'eau. Laisser encore cuire pendant 50 minutes.
- Écraser les légumes avec une fourchette et servir.

Il est cinq heures et demie du matin. Patrick et Jean vont faire le marché avec Monsieur Thireau . . .

Bonjour, Patrick. Ça va?

Salut.

Oui, merci.

Monsieur Thireau va acheter du poisson.

Bonjour, Monsieur Thireau. Elles sont belles ces langoustines, hein ?

Oui. Vous les vendez combien?

Soixante-quinze francs le kilo.

D'accord. J'en voudrais deux kilos... Je voudrais aussi un kilo de crevettes grises et... vingt douzaines de sardines...

Qu'est-ce que vous voulez comme sardines? Celles-ci sont à treize francs la douzaine, celles-là sont à onze francs.

77F

13F

10F

Je prends celles-ci... et un saumon. Celui-ci, s'il vous plaît.

Quand je fais le marché avec ma mère, on achète une demi-douzaine de sardines. Pas vingt douzaines! ...

... et cent grammes de crevettes. Pas un kilo de crevettes!

Oh là là ... Je me suis couché à minuit hier soir et je me suis levé à cinq heures moins le quart ce matin. Et toi ?

Moi, je me suis levé à cinq heures, mais ça va.

J'ai besoin de cinq kilos de tomates, trois kilos d'oignons et des salades... Les champignons sont très beaux. Je voudrais aussi deux kilos de champignons.

C'est tout? Vous n'avez pas besoin de choux-fleurs?

Ah, si! Je vais prendre six choux-fleurs... Ça fait comb

Ça fait soixante-dix francs... Vous n'êtes pas tout seul, aujourd'hui, Monsieur Thireau!
C'est vrai. Je suis venu avec les amis de ma petite-fille, Sophie...
Je voudrais trois kilos de raisins blancs, trois kilos d'oranges et cinq kilos de pommes...
Et avec ceci?... Vous avez besoin d'autre chose?
Ah, oui. Je vais prendre deux kilos de citrons et... vous avez des bananes?
Je regrette. Il n'y a pas de bananes aujourd'hui...
Un peu plus tard.
Tu sais? Sophie a décidé. Elle part en Côte d'Ivoire avec son père...
Oui... Ça va être triste sans elle.
Mais! Sophie ne m'a pas dit ça!
Et pour monsieur?
Ah... Euh... Trois croissants et une baguette, s'il vous plaît.
Bon, maintenant, on va aller acheter du vin à Vertou. Et puis après, on va aller dans une ferme à Saint-Fiacre...
Saint-Fiacre? C'est où?
C'est au sud-est de Vertou.
Sans Sophie, ça va être triste...
Qu'est-ce que vous allez acheter comme vin, Monsieur Thireau?
Comment? Euh... Des vins de la région: du muscadet et du gros-plant.

1. Relis les pages 108 et 109 et mets ces illustrations par groupes de deux.

2. Travaille avec un(e) partenaire. Choisis une illustration dans la colonne 1 et pose une question à ton/ta partenaire. Il/Elle doit trouver l'illustration correspondante dans la colonne 2 et répondre à ta question.

Exemple:
– Les langoustines, vous les vendez combien?
– Soixante-quinze francs le kilo.

Ensuite, change de rôle.

3. Écoute la conversation entre Monsieur Thireau et le fermier de Saint-Fiacre. Qu'est-ce qu'achète Monsieur Thireau? Choisis les bonnes illustrations.

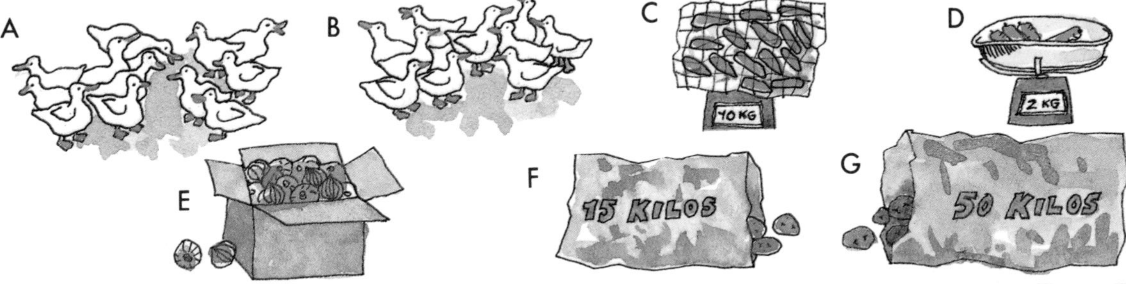

4. a) Regarde ces recettes de la région de Nantes et fais une liste des ingrédients nécessaires pour chaque plat.
b) Relis les pages 108 et 109. Est-ce que Monsieur Thireau a acheté tous les ingrédients nécessaires pour ces deux plats? Qu'est-ce qu'il n'a pas acheté?

CANARD AU MUSCADET
Pour 6 personnes: un canard d'environ 2 kg - 1 bouteille de Muscadet - 50 g d'échal
30 cl de crème fraîche. Prenez le canard et détaillez-le en morceaux. Passez ces mo
au beurre dans une cocotte. Une fois cuits, enlevez ces morceaux et passez dans
cocotte les 50 g d'échalotes finement hachées. Faites-les blondir et ajoutez un gran
de Muscadet. Faites réduire le tout d'environ les 3/4 et ajoutez alors la crème f
Ensuite mettez à finir de cuire dans cette sauce les morceaux de canard. Ceux-ci
servis, soit avec des croûtons, soit avec une petite crêpe et présentés avec des ra
frais de préférence (raisins de Muscat dont la peau aura été enlevée), ou quelque
tranches de pommes (fruits passés au roux).
Vin d'accompagnement recommandé: Coteaux d'Ancenis Gamay, Coteaux d'Ancenis C

PATES FRAICHES AUX FRUITS DE MER ET AU BASILIC
Pour 4 à 5 personnes, préparation 20 mn, cuisson 30 mn. 500 g de pâtes fraîches, 12 lango
1 litre de moules, 1 litre de coques, 20 cl de crème fraîche, 2 verres de Muscadet, 2 échalo
un bouquet de basilic, sel, poivre. Plongez les langoustines dans l'eau bouillante pendant 5
Egouttez-les. Dans une casserole, faites ouvrir les moules et les coques avec 2 verres de M
et les échalotes émincées. Salez et poivrez. Egouttez les coquillages en réservant le jus de c
pour la sauce. Sortez-les de leurs coquilles. Décortiquez les langoustines. Passez le jus de cui
des moules au tamis et faites réduire pendant 5 mn. Versez-y la crème fraîche. Amenez à ébu
et laissez mijoter pendant 2 mn en remuant. Faites cuire les pâtes dans l'eau bouillante pendant
égouttez-les. Incorporez aux pâtes la sauce et les fruits de mer. Disposez-les dans le plat de cuisso
parsemez de basilic haché. Dégustez avec un Muscadet frais.

16 C

Gâteau à l'orange

A

B

C

D

E

F

5. Écoute la recette de Jean et remets les illustrations dans le bon ordre.

6. Copie cette carte dans ton cahier. Écoute la conversation et écris les noms des villes sur ta carte.

Carquefou Pornic
Clisson Pornichet

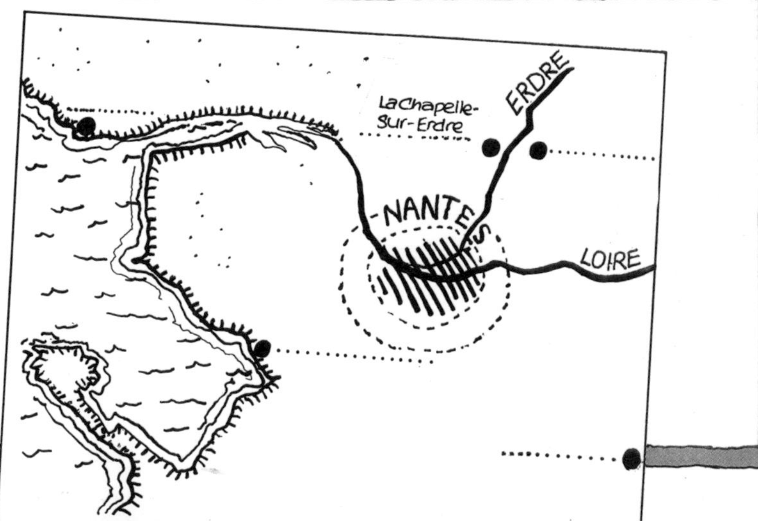

7. Jean-Paul va préparer deux des recettes illustrées sur cette page. Lesquelles? Écoute la cassette.

VEAU JARDINIÈRE

Il faut:
1 kilo ½ de veau
75 millilitres d'huile
sel
poivre
3 kilos de petits pois
1 livre de petits oignons
1 livre de carottes
50 grammes de beurre

SALADE NIÇOISE

Il faut:
1 livre de tomates
1 salade
1 poivron rouge ou vert
1 boîte de thon
1 boîte d'anchois
3 œufs durs
des olives

TARTE À L'ORANGE

Il faut:
1 kilo d'oranges
3 œufs
175 grammes de sucre
50 grammes de farine
½ litre de lait

. . . et pour la pâte:
125 grammes de beurre
75 grammes de sucre
250 grammes de farine
1 œuf
sel

ORANGES GIVRÉES

Il faut:
1 kilo d'oranges
de la confiture d'abricots
500 grammes de sucre
1 citron
1 œuf

SARDINES AU GROS-PLANT

Il faut:
3 douzaines de sardines
1 litre de Gros-Plant
(ou de Muscadet)
350 grammes de champignons
1 citron
2 oignons
125 grammes de beurre

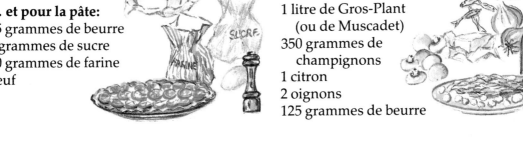

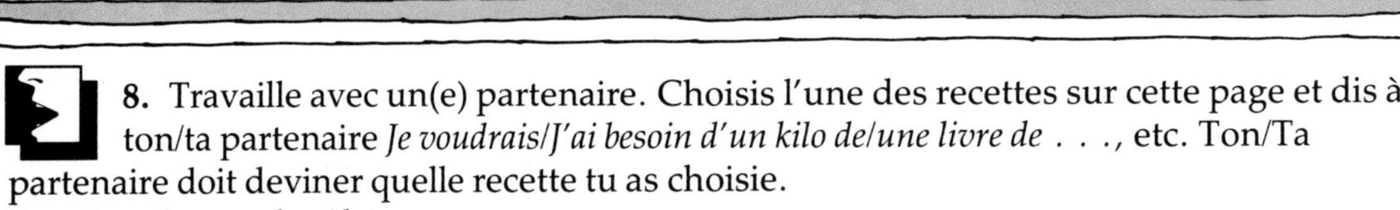

8. Travaille avec un(e) partenaire. Choisis l'une des recettes sur cette page et dis à ton/ta partenaire *Je voudrais/J'ai besoin d'un kilo de/une livre de . . .*, etc. Ton/Ta partenaire doit deviner quelle recette tu as choisie.
Ensuite, change de rôle.

Les magasins

Your invented village has several food shops (*une boulangerie-pâtisserie, une boucherie-charcuterie, un petit supermarché*). There is also a market once a week.

9. Choisis un magasin, ou le marché, et dessine-le.

10. Qu'est-ce qu'on vend dans ce magasin? Fabrique des étiquettes avec le nom des produits et les prix.

11. Imagine deux ou trois conversations entre les marchands et les clients.

POINT LANGUE

Celui-ci ou celui-là?
Celle-ci ou celle-là?

Ceux-ci ou ceux-là?
Celles-ci ou celles-là?

- You use:
celui-ci/celle-ci/ceux-ci/celles-ci
and
celui-là/celle-là/ceux-là/celles-là
when you make a choice between two different sets of items or people.

- You use:
celui-ci/celle-ci/ceux-ci/celles-ci
to talk about something which is near. In English, you would use 'this one' or 'these'.

- You use:
celui-là/celle-là/ceux-là/celles-là
to talk about something which is further away. In English, you would use 'that one' or 'those.'

Re-read the cartoon story at the top of this page. Can you work out the differences between:

- *celui-ci* and *celle-ci?*
- *ceux-ci* and *celles-ci?*
- *celui-là* and *celle-là?*
- *ceux-là* and *celles-là?*

12. Listen to the three conversations at the *boulangerie-pâtisserie*. Choose the illustration that corresponds to each conversation.

CROISSANT AU BEURRE

A

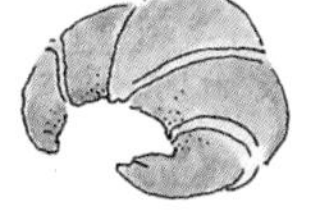

CROISSANT ORDINAIRE

B

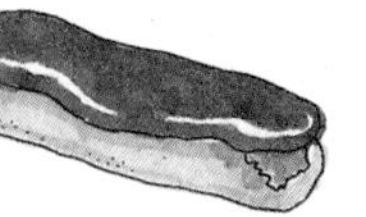

ÉCLAIR AU CHOCOLAT

C

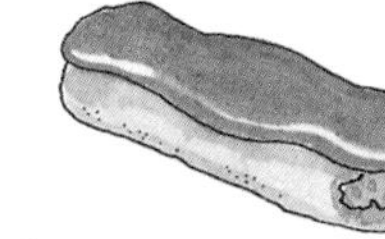

ÉCLAIR AU CAFÉ

D

E

F

TES OBJECTIFS

In this unit, you will learn how to . . .

. . . say you miss someone

Ma mère/Mon père me manque.
Mes copines/copains me manquent.

. . . explain what you need to a chemist

J'ai besoin de (quelque chose) pour . . .
Je me suis coupé(e) au doigt.
J'ai une ampoule/une piqûre d'insecte/des boutons / un bleu, etc.

. . . ask for advice

Qu'est-ce que vous recommandez pour . . .?

. . . ask for first-aid items/toiletries

Je voudrais . . .
Vous avez . . .?

. . . check you understand instructions for use of first-aid items and toiletries.

Mettez/Prenez ce/cet(te)/ces . . .
trois fois par jour/toutes les quatre heures.

Aujourd'hui, il fait très beau . . .

Qu'est-ce que vous voulez comme lunettes de soleil, mademoiselle ?

Je prends celles-ci.

Tu devrais prendre une crème solaire.

Bof! Je n'en ai pas besoin.

CRÈME SOLAIRE

Je voudrais quelque chose pour ce bleu ...

Je vais vous donner de la pommade... Mettez-en trois fois par jour...

Un peu plus tard.

Alors, tu as décidé de quitter la France? Tu vas en Côte d'Ivoire avec ton père?

Je ne sais pas. Je suis très heureuse chez mes grands-parents, mais mon père me manque quand il est en Afrique.

Oui, c'est difficile de quitter son pays. Mes amis anglais me manquent.

Oh, j'ai chaud, moi. Tu viens te baigner dans la rivière?

Nabila! On va se baigner? L'eau a l'air bonne. Tu viens?

Dans la rivière? Non merci. Si vous voulez nager, on pourrait aller à la piscine.

Je sors maintenant. Je veux bronzer.

Moi, je n'en ai pas besoin.

Une heure plus tard.

Oh là là. Je suis toute rouge et j'ai des boutons. Regarde.

Oui, tu as pris un coup de soleil. Tu devrais faire attention.

Zut! Je me suis coupée au pied avec un morceau de verre.

Ça a l'air profond.
Ça te fait très mal?
Aïe!
Restez là sous l'arbre. Je vais à la pharmacie, et après je vais appeler maman et Grégoire. Ils peuvent venir nous chercher en voiture.
J'ai des ampoules aux pieds. Je voudrais des pansements, s'il vous plaît.
Vous avez oublié quelque chose?
Euh... oui... non. Ma copine s'est coupée au pied. J'ai besoin de pansements et d'une pommade antiseptique.
Euh... Ce n'est pas tout. Mon autre copine a attrapé un coup de soleil. Elle est blonde. Elle a la peau fragile. Qu'est-ce que vous recommandez?
Voilà. Votre copine devrait mettre cette crème toutes les quatre heures. Si elle a mal à la tête ou si elle ne se sent pas bien, elle devrait aller chez le médecin.
Allô, Monsieur Thireau? C'est Nabila... Grégoire et maman ne sont pas là?... Vous pourriez venir nous chercher en voiture? Sophie s'est coupée au pied et Sarah a un coup de soleil.
Tu devrais montrer ça à Grégoire.
Tu es vraiment très sympa, Nabila.
Un quart d'heure plus tard.
Mon pauvre chou...
Grand-père, tu vas me manquer.
Toi aussi, tu vas me manquer, tu sais...

1. Où?
a) Où est-ce que Nabila a acheté ses lunettes de soleil?
b) Où est-ce que Sophie et Sarah se sont baignées?
c) Où va Nabila?
d) Où est-ce que Sophie et Sarah attendent Nabila?

2. Regarde la liste. Qu'est-ce que Nabila, Sophie et Sarah ont acheté à la pharmacie la première fois? Et la deuxième fois?

crème solaire
pommade antiseptique
lunettes de soleil
pansements
coton hydrophile

3. Écoute les conversations. Qui manque à qui? Choisis la photo correspondant à chaque conversation.

A

B

C

D

E

F

4. Travaille avec un(e) partenaire. Choisis l'une des photos et dis, par exemple: *Mon copain me manque.* Ton/Ta partenaire doit trouver la photo correspondante.

A

B

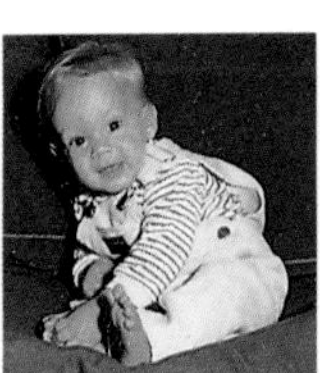
C

D

E

F

5. Qu'est-ce qui te manque en vacances?

Mes copains me manquent
Mes copines me manquent
Mon chien me manque
Ma maison me manque
Ma chambre me manque

Copie les phrases importantes pour toi et continue la liste dans ton cahier.

6. Compare la trousse de secours et la liste du contenu. Qu'est-ce qui manque dans la trousse?

Une trousse de secours doit contenir:

mercurochrome
aspirines
paire de ciseaux
épingles de sûreté
compresses stériles
bande
coton hydrophile
sparadrap
pommade antiseptique
pommade contre les coups (à l'arnica)
pansements
crème pour les piqûres d'insecte

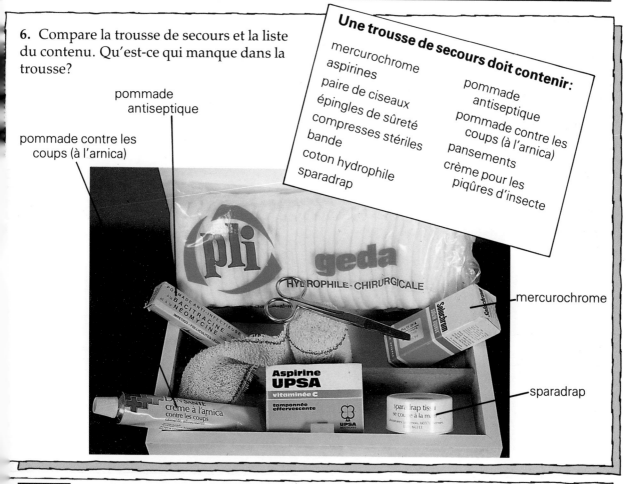

pommade antiseptique
pommade contre les coups (à l'arnica)
mercurochrome
sparadrap

7. Écoute ces conversations à la pharmacie. Pour chaque conversation, écris dans ton cahier le(s) produit(s) correspondant(s).

8. Travaille avec un(e) partenaire. **A** est le client/la cliente. **B** est le pharmacien/la pharmacienne.

A choisit l'un des problèmes illustrés ici.

Exemple:
J'ai une piqûre d'insecte.

B doit recommander un remède.

Exemple: *Voici de la crème.*

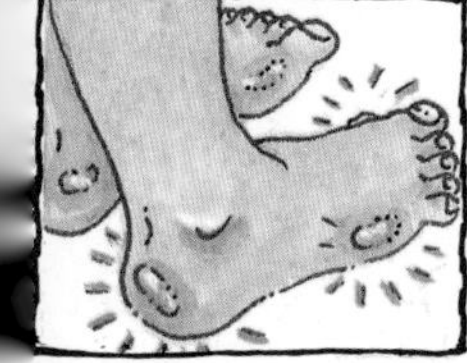

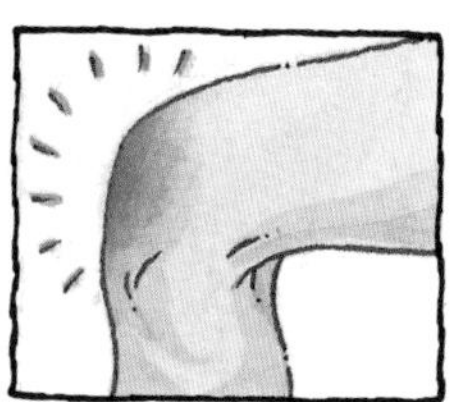

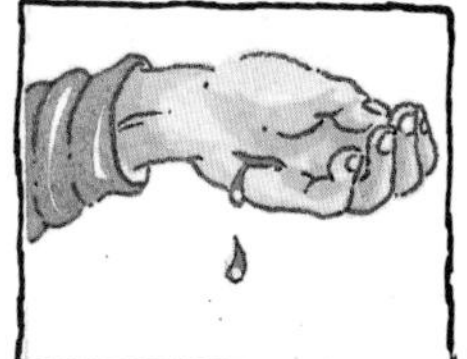

9. Écoute les conversations. Trouve le sac correspondant à chaque conversation.

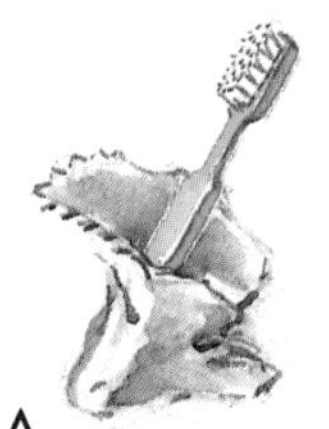
A

B

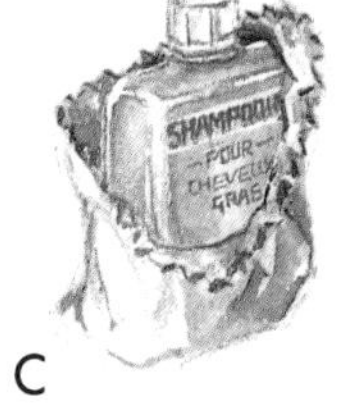

C

D

E

F

10. Écoute les conversations. Quelle est la bonne instruction? Écris dans ton cahier la lettre (a, b ou c) et l'instruction (en anglais).

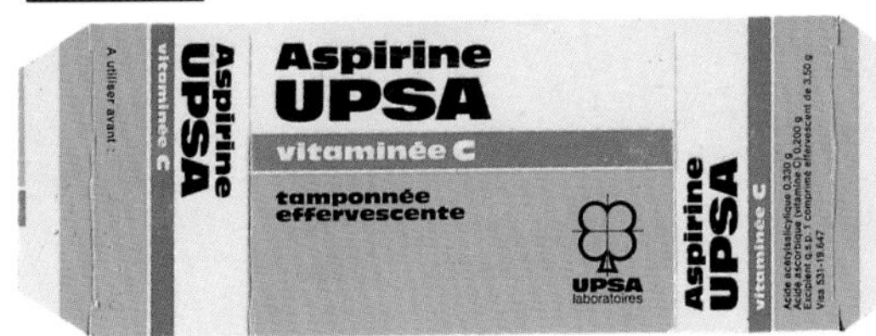

1. Prenez deux aspirines:
a) deux fois par jour
b) quatre fois par jour
c) six fois par jour.

2. Il faut se laver les cheveux:
a) une fois par semaine
b) deux fois par semaine
c) tous les deux jours.

POMMADE ANTI-INFECTIEUSE
à la BACITRACINE 50.000 U.I.
et à la NÉOMYCINE 0,35 g pour 100 g MONOT
IMPÉTIGO - FOLLICULITES - FURONCLES - ANTHRAX

3. Mettez cette pommade antiseptique:
a) toutes les deux heures
b) toutes les trois heures
c) toutes les quatre heures.

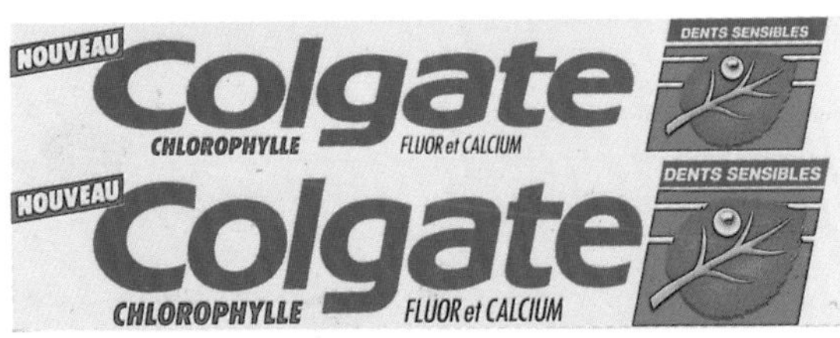

4. Brossez-vous les dents:
a) une fois par jour
b) deux fois par jour
c) après tous les repas.

SOINS SOLAIRES
LES
PRESCRIPTIONS
CRÈME
ÉCRAN TOTAL
spécial visage
et zones sensibles

5. Si vous nagez, mettez cette crème solaire:
a) avant
b) après
c) avant et après.

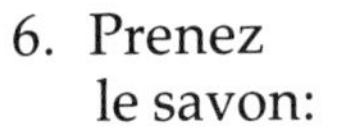

6. Prenez le savon:
a) sans parfum
b) à la rose
c) à la lavande.

TON VILLAGE

La protection de la nature

Some people in your invented village have had problems that have simply been caused by other people's carelessness.

11. Qui sont les victimes? Choisis un incident et écris un "article" pour le journal local.

a) Quelqu'un s'est coupé . . .

à la main

au pied

sur une bouteille cassée

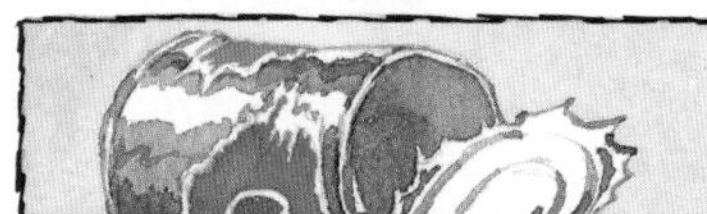
sur une vieille boîte de conserve

b) Une grange a pris feu . . .

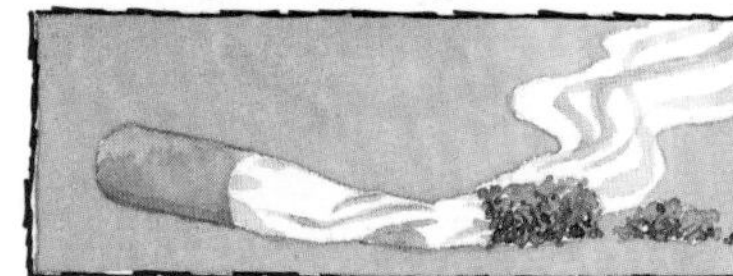
à cause d'une cigarette

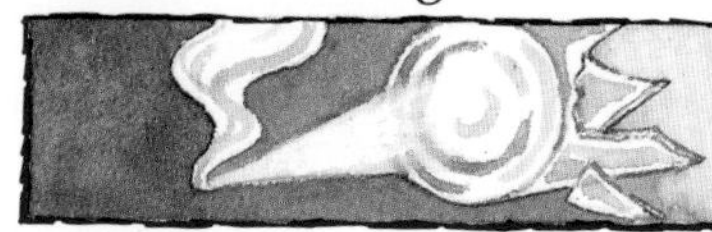
à cause d'un morceau de verre

c) Un mouton est mort dans un champ . . .

à cause d'un chien

à cause d'une barrière ouverte

12. Le journal organise un concours sur la protection de la nature. Pour participer, il faut inventer un jeu.

a) D'abord, lis le Code pour la Protection de la Nature:

– Ferme toujours les barrières derrière toi.
– Tiens ton chien en laisse.
– Marche sur les chemins indiqués.
– Ne jette pas de bouteilles, de boîtes de conserve ou de papiers.
– N'allume jamais de feu.
– Ne fais pas de bruit.
– Ne cueille pas les fleurs rares.

b) Ensuite, prépare un jeu.

Exemple:

- un jeu de société (avec des cases)

- ou un jeu de cartes

- ou un jeu de dominos

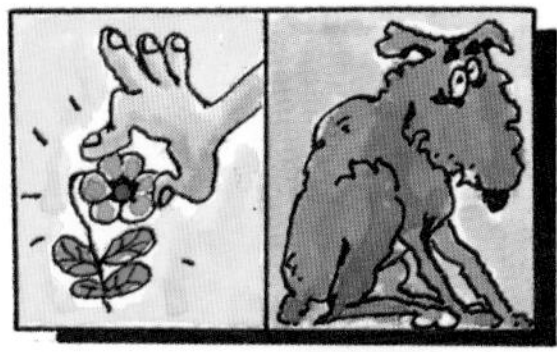

- ou un autre jeu

c) Ensuite, joue avec tes camarades de classe (en français, bien sûr).

Describing things

● Words that describe an animal, a person, place, object or any noun are called **adjectives.** You may have noticed that French adjectives behave differently from English ones.

a) **Position**

Look at the position of the adjective 'red' or *rouge* in these sentences:
She is wearing a **red** flower.
*Elle porte une fleur **rouge.***

● In the English sentence, the adjective comes before the noun it's describing. Most French adjectives come after the thing they are describing, although some, like *grand* and *petit*, come before.

b) **Agreement**

● The adjective 'agrees' with the noun it's describing: if the noun it's describing is feminine, you add an ***e*** at the end of the adjective, for example, *une robe bleue*. If it's masculine and plural you add an ***s*** (*des maillots bleus*), and if it's feminine and plural you add an ***es*** (*des robes bleues*). But don't forget that some adjectives already end with an ***e*** (like *rouge* and *jaune*). Then you just add an ***s*** in the plural forms.

c) **Irregular**

● Some adjectives are irregular. This means that you will have to learn the feminine and plural forms. For example, the words for 'dry' and 'greasy' are *sec* and *gras.*
In the masculine singular and plural:
sec/secs *gras/gras*
In the feminine singular and plural:
sèche/sèches *grasse/grasses*

Example:
J'ai la peau sèche et les cheveux secs.
J'ai la peau grasse et les cheveux gras.

13. Look at these French advertisements. How many adjectives can you find?

Durci'Long. Des ongles plus durs, plus longs et plus beaux.

• Véritable soin fortifiant de la kératine (constituant naturel de l'ongle), Durci'Long empêche les ongles de se dédoubler, de se fendiller et renforce leur résistance.
• Après 10 jours d'utilisation, les résultats sont visibles: des ongles plus longs, des mains plus belles.
• Appliqué avant le Vernis Gemey, Durci'Long double le temps normal de sa tenue.

GEMEY

14. Make up an advertisement for a beauty product which shows someone before and after using the product. Describe what that person was like before and after.

TES OBJECTIFS

In this unit, you will learn how to . . .

. . . shop for clothes

– saying what size you take

Je fais du . . .

– asking if you can try something on

Je peux l'essayer?

– asking for other people's opinion about what you're wearing

Ça te plaît?/Ça vous plaît?

– saying if something does or doesn't suit you (or someone else)

Ça me/te/lui va bien.
Ça ne me/te/lui va pas.

– saying why something does or doesn't suit someone

C'est trop long.
Ce n'est pas ton style/look.
Ça fait star/hippy.

. . . talk about languages

Je parle/comprends/lis/écris . . .

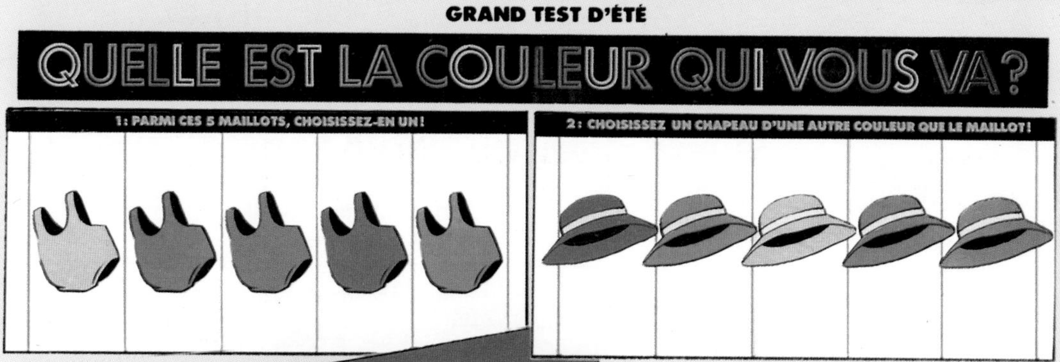

GRAND TEST D'ÉTÉ

QUELLE EST LA COULEUR QUI VOUS VA?

1: PARMI CES 5 MAILLOTS, CHOISISSEZ-EN UN!

2: CHOISISSEZ UN CHAPEAU D'UNE AUTRE COULEUR QUE LE MAILLOT!

LE NOUVEAU LOOK

NAF-NAF.
Le grand méchant look.

18 A

Patrick, Jean et Sarah achètent des vêtements . . .

Ça vous plaît ?

Oui, ça te va très bien.

Je prends celui-ci. C'est combien ?

Il fait 210 francs, monsieur.

En route pour le magasin de chaussures.

Alors, Sophie va partir en Afrique? Vous en êtes sûrs ?

Ici on parle Anglais.

En fait, on ne sait pas si elle y va, Mais elle s'entend très bien avec Nabila maintenant.

Patrick veut acheter des baskets.

Vous faites quelle pointure?

Je fais du 40.

Dix minutes plus tard . . .

Mais décide-toi! Prends les blanches, elles sont moins chères.

Non. Essaie les rouges et noires encore une fois.

Bon. Celles-là sont bie
Mais celles-là ne sont
mal non plus. Alors choisissez!

Les bleues et blanches.

Les grises.

Mais décidez-vous!

Vous avez choisi ?

Oui. Je prends les noires. Vous acceptez les cartes de crédit ?

Bien sûr, monsieur...

C'est dommage, parce que je n'en ai pas!

Ça va être difficile pour Sophie, non?
Oui, peut-être. Mais toi, tu as bien changé de pays sans trop de problèmes...
'est parce qu'elle st tombée sur des opains super.

C'est vrai! Mais j'ai eu des problèmes au début. Avec la langue, par exemple.
Mais tu parles français mieux que nous!

Je comprends, oui, mais quelquefois j'ai des difficultés pour parler.
C'est normal. Quand Patrick est là, on a tous des difficultés pour parler...
C'est fini, non?

Aais tu parles une deuxième angue, toi aussi.
3of! Ma mère est bilingue, lle parle français et ouolof. loi, je comprends le ouolof et le parle un peu mais j'ai es problèmes pour l'écrire.

Qu'est-ce qu'on parle en Côte d'Ivoire?
Je ne sais pas. À l'école, on parle français, je crois.

Je peux l'essayer?
Bien sûr, mademoiselle.

Non, ça ne te va pas. Ce n'est pas ton style.
est trop long.

Celle-là est bien. Ça fait très star. C'est ton look.
Tu crois?
On pourrait essayer les Galeries Lafayettes.

La rue est bloquée par ici. Il faut prendre l'autre sortie.
NON AU CHÔMAGE!
AU CHÔMAGE
Mais qu'est-ce qui se passe?

1. Est-ce que tu peux trouver le nom de chaque langue?

A

Come si prepara: Versare tutta la farina in 2 litri di acqua bollente salata. Cuocere a fuoco medio rimestando per almeno 10 minuti. Servire calda sul tagliere con ogni tipo di carne selvaggina, pesce

B

¡MIAU!
Sardinas en aceite de oliva

C

BALIK
21 Şubat- 20 Mart
KADINLAR İÇİN: Problemleriniz bir süre sonra kendiliğinden çözülecek. Bu da size rahat bir soluk aldıracak.

D

E

ਜੇ ਤੁਸੀਂ ਇਹ ਲੀਫਲੈਟ ਦੇ ਸਮਝਣ ਲਈ ਲੋੜ ਹੋਵੇ,
ਤਾਂ ਤੁਸੀਂ ਇਨ੍ਹਾਂ ਤੋਂ ਸਹਾਇਤਾ ਲੈ ਸਕਦੇ ਹੋ।
ਵਾਂਡਜ਼ਵਰਥ ਇੰਟਰਪ੍ਰੈਟਿੰਗ ਸਰਵਿਸ,
93 ਟੂਟਿੰਗ ਹਾਈ ਸਟਰੀਟ,

F

РАСПИСАНИЕ ЗИМА
30 октября 1988 – 25 марта 1989
ПЕРВЫЙ ВЫПУСК

G

Délices Fruités
TILLEUL - CITRON

H

ΠΕΡΙΕΧΕΙ
1 κονσέρβα σάλτσα τομάτας (230 g) - 1 φάκε
αλεύρι, πατάτα, μπέικιν πάουντερ (220 g) - 1 φάκ
g) - 1 φόρμα από αλουμινόχαρτο - 1 μεζούρα
Συνολικό καθαρό βάρος 450 g
Αποκλ. Αντιπρόσωποι:
ΑΛΕΞ. ΚΙΚΙΖΑΣ Α.Ε.Β.Ε.

I
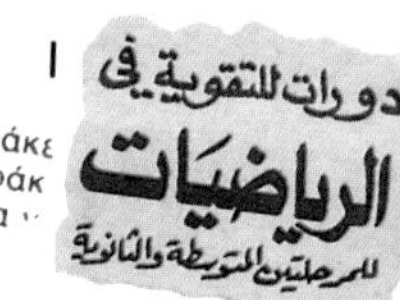

J
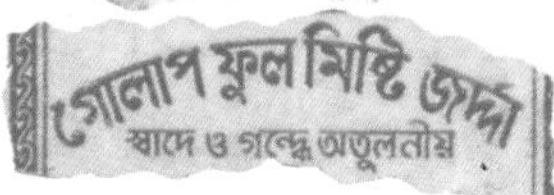

K

L

دلہن برانڈ
مہندی

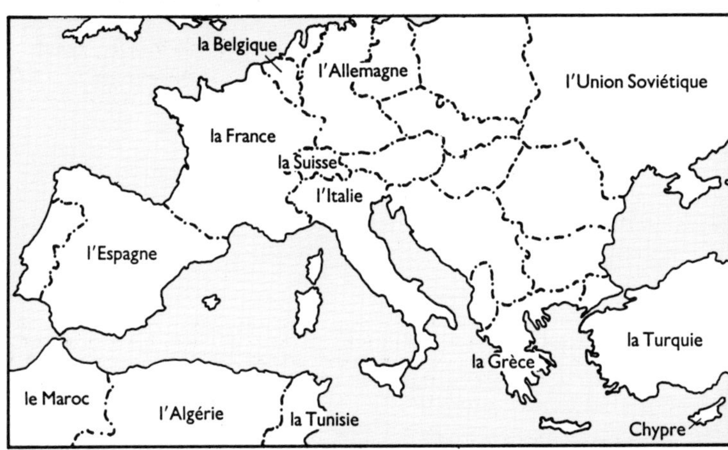

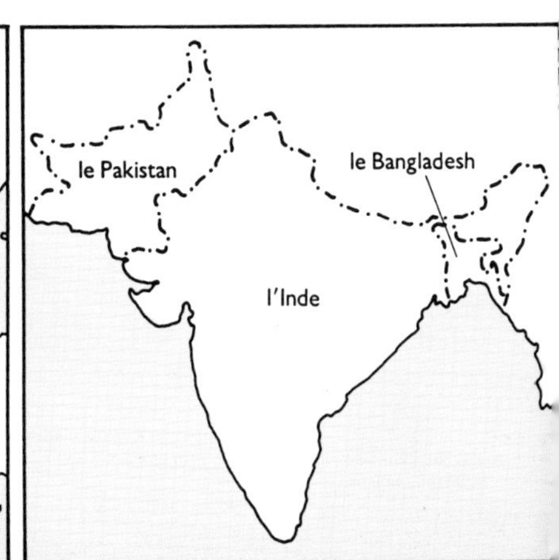

2. Est-ce que tu peux trouver le pays où on parle chaque langue?

Exemple:
On parle italien en Italie.
On parle arabe, français et espagnol au Maroc.

3. Travaille avec un(e) partenaire. Choisis un pays. Dis à ton/ta partenaire:

On y parle . . . (par exemple) *l'arabe.*

Il/Elle doit deviner le nom du pays.
C'est le Maroc?
C'est l'Algérie?

4. Écoute Dominique. Dans chaque case, écris *oui, non* ou *un peu*.

Dominique

	parler	comprendre	écrire	lire
l'espagnol				
l'arabe				
le japonais	**Copie et complète cette grille dans ton cahier.**			
le russe				

5. Lis les lettres de Meriem et de Sarah.

a) Elle parle combien de langues, Meriem?
b) Lesquelles?
c) Quelles sont ses deux religions?
d) Est-ce que Sarah est bilingue ou trilingue?

La question de Samia: Être bilingue, c'est un atout ou un handicap?

« MERIEM »

Djerba (Tunisie)

Chère Samia, je suis moi aussi Franco-Tunisienne. J'ai même en plus une partie italienne! En effet, ma mère est (tiens-toi bien!) d'origine italienne, née en Tunisie et de nationalité française. Mon père, lui, est Tunisien.

Je parle donc parfaitement trois langues sans accent. J'appartiens à deux civilisations différentes, deux religions différentes. Nous fêtons Pâques et Noël ainsi que les deux Aïds et le Mouloud (la naissance de Mohamed), je lis la Bible et le Coran.

Je crois que ta question a une réponse évidente : c'est un atout. Nous sommes des privilégiés!

« SARAH »

Strasbourg (67)

Je suis Franco-Anglaise. Je suis aussi bilingue. J'étudie dans un collège international : je trouve ça génial! On y rencontre des gens de tous les pays. Il y en a beaucoup qui sont bilingues et même trilingues.

J'ai donc deux pays, et je peux communiquer avec tous les deux. Je réalise mieux qu'il y a plein de civilisations différentes.

6. Pour chaque vêtement, réponds aux questions.

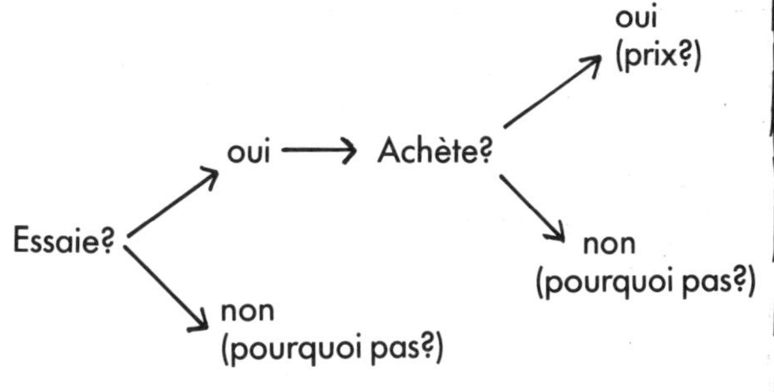

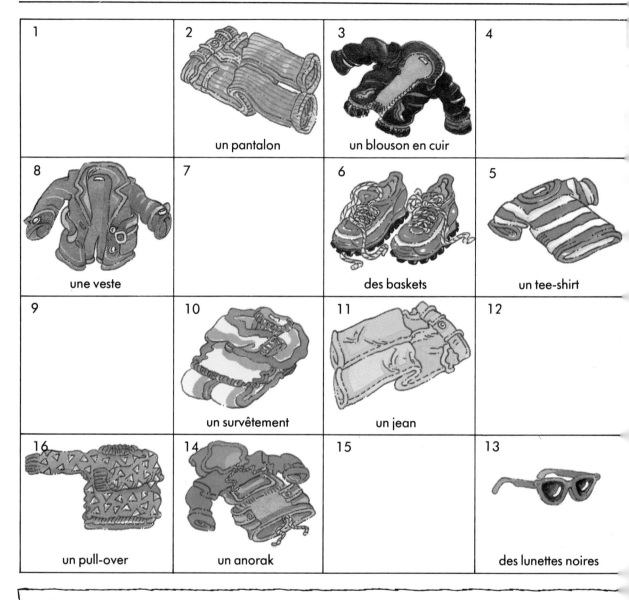

1	2 un pantalon	3 un blouson en cuir	4
8 une veste	7	6 des baskets	5 un tee-shirt
9	10 un survêtement	11 un jean	12
16 un pull-over	14 un anorak	15	13 des lunettes noires

Joue avec un(e) partenaire. Quand c'est ton tour, tu es le client/la cliente. Quand c'est le tour de ton/ta partenaire, il/elle est le client/ la cliente.

1. Commence à la case 1. Jette le dé.
2. Il y a un vêtement dans la case? Dis: *Je peux l'/les essayer, s'il vous plaît?*
3. Ton/Ta partenaire (le vendeur/la vendeuse) dit: *Oui, bien sûr, monsieur/ mademoiselle.*
4. Demande: *C'est combien?*
5. Pour savoir combien ça coûte, le vendeur/la vendeuse jette le dé: 1 = 100 F; 2 = 200 F; 3 = 300 F, etc.
6. Jette le dé: tu as assez d'argent?
7. Si tu as assez d'argent, dis: *D'accord. Je le/la/les prends*. Note le nom du vêtement dans ton cahier.
8. Si tu n'as pas assez d'argent, dis: *Non, c'est trop cher*.

Ensuite, change de rôle: ton/ta partenaire devient le client/la cliente.

Les vêtements
Your village has also got a clothes shop which the villagers are very proud of.

7. Comment s'appelle le magasin de vêtements? Voici des exemples:

8. Prépare la vitrine du magasin.
Tu peux découper des photos de vêtements dans des magazines.
Ajoute le nom et le prix en français.

9. Regarde ces vêtements. Choisis des vêtements pour tous les membres de ta "famille", les jeunes et les vieux.

- *Scott,* Passage Pommeray. Pour ses cuirs et ses accessoires rigolos, son choix des chaussures et surtout ses superbes bottes de cow-boy : les plus belles « santiags de Nantes » paraît-il.
- *La Solderie,* 12, place du Pilori. Ici la formule est simple, il y a peu de modèles mais tout coûte entre 100 et 300 F. Chemises impressions cachemire, pantalons de toile, pulls Lambswool et petites vestes en imitation poil de chameau : de quoi se laisser tenter.
- *Chipie,* 23, rue du Château. Des chemises en coton ou pilou, des grands pulls en jaquard ou à écussons collège. La classe décontractée pour hommes et femmes.
- *Dynamo,* 11, rue Contrescarpe. Branché sans être trop voyant, rigolo mais pas fou. Beaucoup de couleurs et des accessoires sympas.

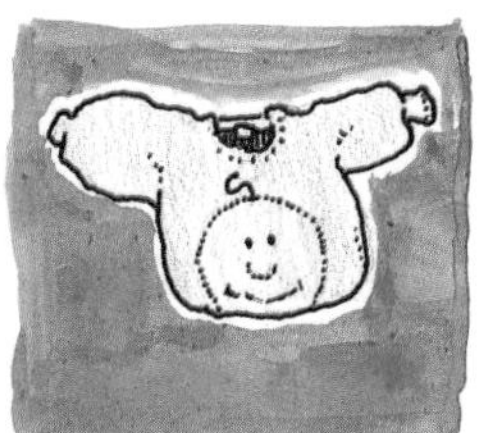

Verbs that end in *-ir* (*See pages 142 to 146*)

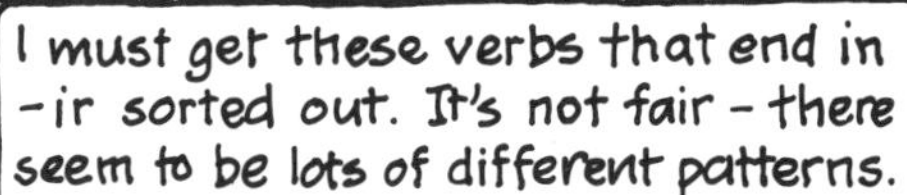
I must get these verbs that end in -ir sorted out. It's not fair - there seem to be lots of different patterns.

Start with the regular ones - they're quite a small group. Let's write out the pattern on the word processor. We'll use choisir.

choisir

je choisis	nous choisissons
tu choisis	vous choisissez
il choisit	ils choisissent
elle choisit	elles choisissent

past tense j'ai choisi

Can you change it to finir?

10. What should the screen look like when Lee's exchanged *choisir* for *finir*?

What are the other verbs that follow that pattern?

Well, here are some examples. See if you can work out what the infinitive is, and then look them up and see what they mean.

MAIGRIR

Comment j'ai maigri de 26 kilos en 3 mois

sans médicament, sans culture physique

MAITRE DE PORT LEZARDRIEUX

23 mai 82 : 105 kg

3 mois après : 79 kg

VITE
REAGISSEZ

RÉUSSISSEZ VOTRE RENTRÉE

Another pronoun

- The word *y* is used to stand in for the name of a place. For example:

On y va. This could mean *On va au cinéma* or *On va à l'école*, etc.
On y parle français. This could mean *On parle français en Belgique* or *On parle français au Canada*, etc.

ON Y VA EN NEW MAN!

Unité
19

TES OBJECTIFS

In this unit, you will learn how to . . .

. . . buy presents

Je fais des courses . . .
Qu'est-ce que vous avez acheté?
C'est pour offrir?
Je vous fais un paquet-cadeau?

. . . say what you are looking for

Vous cherchez quelque chose?
Je voudrais voir . . .
Vous avez . . .?/Vous n'avez pas . . .?

. . . say there's no more left

Je n'en ai plus.
Il n'y en a plus.

. . . ask for someone's opinion

Qu'est-ce que tu en penses?
À ton avis?
Je crois . . .

. . . say how you feel about someone

Il/Elle a été sympa/gentil(le).
Il/Elle n'a pas été sympa/gentil(le).
Je suis amoureux/amoureuse de . . .

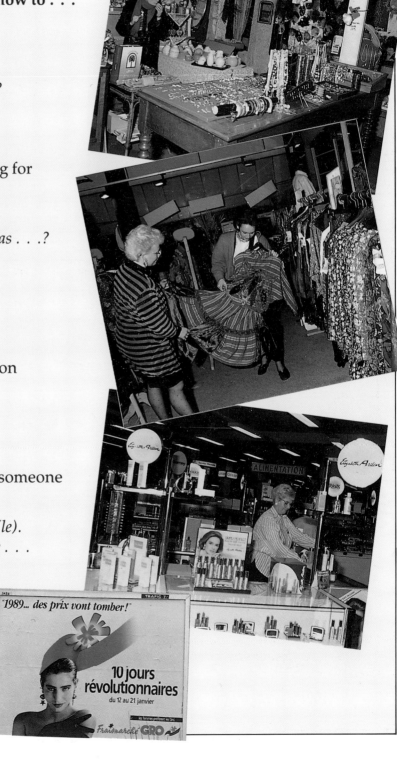

La vie est trop courte pour
s'habiller triste

Amina et Nabila achètent des cadeaux . . .

Mesdames, vous cherchez quelque chose?

Je voudrais voir les foulards qui sont en vitrine.

Oui, bien sûr. Ce sont des foulards de soie peints à la main... C'est pour offrir?

Oui, c'est pour ma mère. Je prends le rose et gris ou le bleu et vert? Qu'est-ce que tu en penses, Nabila?

Oh, moi! Tu sais. Ce n'est pas mon style.

Oui, mais... à ton avis? Tu connais les goûts de ta grand-mère.

Le rose et gris, je crois.

Bon, je prends celui-ci. Il fait combien?

128 francs, madame. Je vous fais un paquet-cadeau?

Ah, oui. Je veux bien. Merci.

Je voudrais un disque ou une cassette pour Ibrahim. Il a été sympa.

Oui, il a été très gentil.

Vous avez des cassettes d'Étienne Daho?

Oui, bien sûr. Étienne Daho, c'est là-bas.

Vous n'avez pas l'albu[m] qui vient de sortir?

Malheureusement, je n'en ai plus... Revenez la semaine prochaine...

Oh! Une manif! « Non au chômage ».
NON AU CHÔMAGE!
CHÔMAGE NON
Non au Chômage
Tiens, tu connais ce garçon? Il te fait bonjour.
Non au Chômage!
Où?
Là-bas. Le garçon blond qui tient une fille par la main.
Salut, Nabila. Ça va? Tu connais Sylvie, ma copine?
Salut.
Bonjour.
Tu fais des courses?
Oui, je suis avec ma mère. On repart en Côte d'Ivoire dans deux jours.
Eh bien, au revoir et bon voyage!
Alors, qu'est-ce que vous avez acheté?… Mais… qu'est-ce qui ne va pas?
J'ai vu Jean-Luc… avec une fille… Sylvie…
Sylvie, c'est la copine de Jean-Luc… Et alors? Ah non!… Tu es amoureuse de Jean-Luc?
Jean-Luc a été sympa avec moi. Alors… j'ai… j'ai pensé…
Ma pauvre Nabila! Allez! Dans deux jours, tu vas retrouver la Côte d'Ivoire, tes copains, ton chien…

1. Qui a dit quoi? Écoute la cassette et trouve le dessin qui correspond à chacune des six phrases.

A

B

C

D

E

F

2. Regarde ces publicités pour des magasins à Nantes. Amina et Nabila sont allées dans un de ces magasins. Lequel?

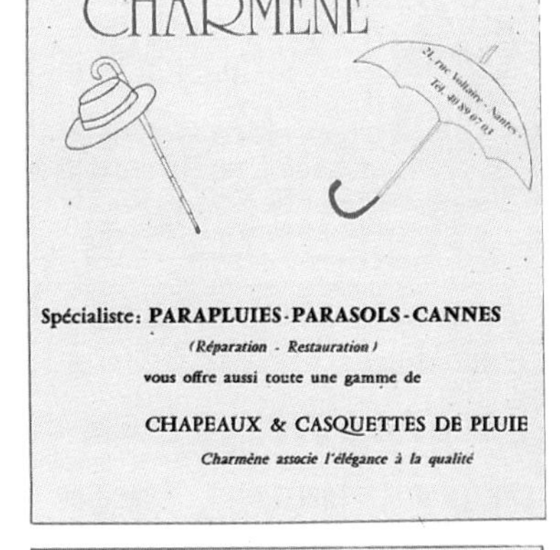

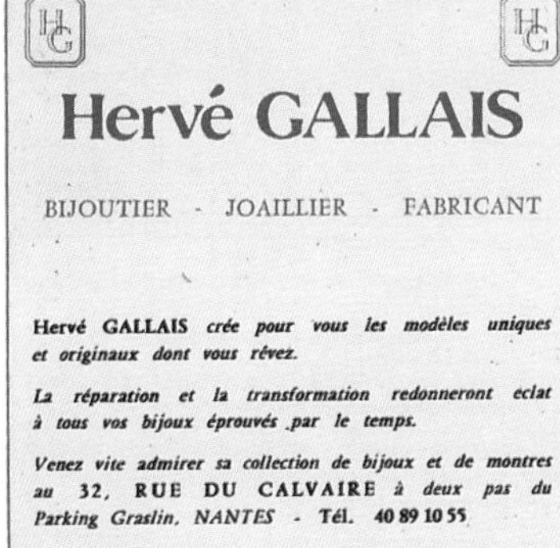

3. Travaille avec un(e) partenaire.
Choisis l'un des magasins ci-dessus et dis, par exemple:

Je cherche un parapluie pour ma mère.

Ton/Ta partenaire doit deviner quel magasin tu as choisi. Ensuite, change de rôle.

D

1 

2 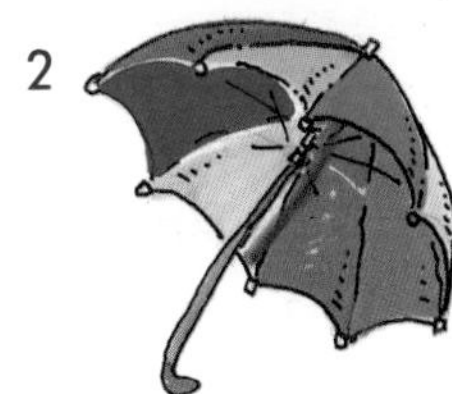

3 

4 

5 

6 

19 C

4. Regarde les photos et les illustrations, et écoute les trois conversations sur la cassette. Pour chaque conversation, trouve:
– le magasin
– l'article acheté ou demandé.

5. Travaille avec deux camarades de classe. **A** et **B** choisissent un des magasins mentionnés sur cette page et jouent un dialogue. (**A** est le client/la cliente et **B** est le vendeur/la vendeuse.) **C** doit deviner quel magasin **A** et **B** ont choisi.

« QUINZE ANS »

Cher *Quinze Ans*,

Je viens de passer un mois de vacances chez mon grand-père. Il habite dans un petit village près de Montpellier. Là-bas, j'ai rencontré un garçon de mon âge, Sébastien. Il a été très gentil et très sympa avec moi. J'ai passé de très bonnes vacances.

Je viens de recevoir une lettre de Sébastien. Il me dit: «Je suis amoureux de toi.»

Il est très sympa, mais je ne suis pas amoureuse de lui. Qu'est-ce que je dois faire? Chers lecteurs et chères lectrices de *Quinze Ans*, qu'en pensez-vous?

Sabine

Les lecteurs et lectrices répondent:

Chère Sabine,

Écris-lui une lettre et dis-lui: «J'ai passé de très bonnes vacances avec toi. Tu as été très sympa, mais je ne suis pas amoureuse de toi.» Il va comprendre . . .

Amitiés.

Alexia

Chère Sabine,

Tu exagères! Un garçon est super sympa avec toi pendant un mois. Il te dit: «Je suis amoureux de toi» et tu dis: «Non, merci.» Tu n'es pas très sympa . . .

Vincent

Chère Sabine,

J'ai eu le même problème l'année dernière, mais dans le sens contraire. J'ai rencontré une fille pendant mes vacances de ski. Je suis tombé amoureux d'elle, mais pas elle. Elle a été très gentille et nous sommes encore amis. Je la vois de temps en temps. C'est bien.

Bon courage!

Pierre

6. Lis le problème de Sabine et les lettres des trois lecteurs de *Quinze Ans*. Qu'en penses-tu? Quelle lettre préfères-tu?

7. À ton avis, que doit faire Sabine? Écris-lui.

8. Travaille avec un(e) partenaire. **A** est Sabine, **B** est Sébastien. Sabine décide de téléphoner à Sébastien. Imagine la conversation.

TON VILLAGE

Publicités

All towns and villages have notices, advertising posters and slogans.

Some advertise shops and restaurants.

Others announce events such as *fêtes*, festivals, church services, etc.

Others give advice or a group's opinion on important topics.

NON AU NUCLÉAIRE

NON AU RACISME

NON À LA POLLUTION

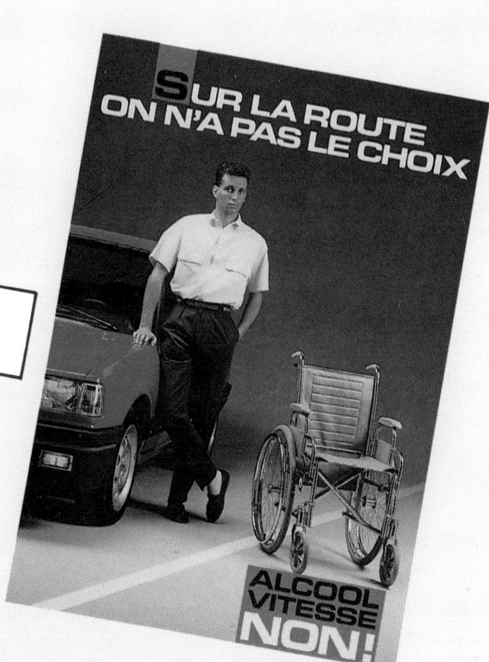

9. Imagine une sélection de slogans publicitaires pour ton village (au moins un pour chaque catégorie).

. . . qui . . .

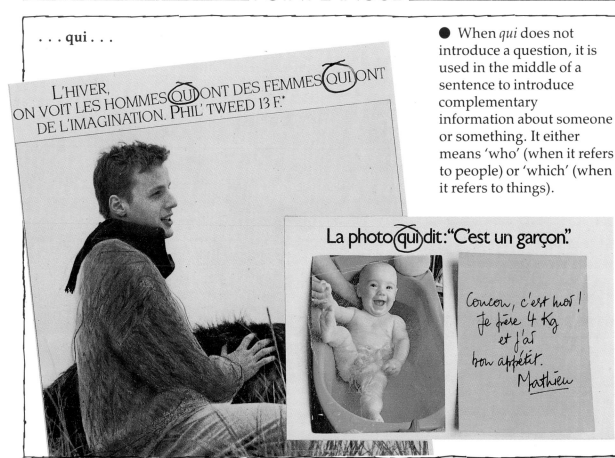

L'HIVER,
ON VOIT LES HOMMES QUI ONT DES FEMMES QUI ONT
DE L'IMAGINATION. PHIL' TWEED 13 F.*

La photo qui dit: "C'est un garçon."

Coucou, c'est moi!
Je pèse 4 Kg
et j'ai
bon appétit.
Mathieu

● When *qui* does not introduce a question, it is used in the middle of a sentence to introduce complementary information about someone or something. It either means 'who' (when it refers to people) or 'which' (when it refers to things).

10. Listen to the three conversations on the tape. For each one, choose the relevant person or object.

Amina, Grégoire et Nabila font des courses pour leur dîner d'adieu* . . .

Bon, on a acheté la viande et le poisson...

Maintenant on a besoin de tomates ... d'oignons et d'aubergines...

Les mangues, vous les vendez combien?

Celles-ci sont à 12 francs et celles-là à 15 francs.

Qu'est-ce que vous avez acheté?

Des provisions pour le repas de ce soir. Nous allons préparer une spécialité de Côte d'Ivoire ...

Comme ça, tu vas essayer la cuisine du pays avant ton départ.

Moi, je vais faire un dessert avec des mangues, des bananes et de la glace à la vanille.

Je vais mettre ma nouvelle robe ivoirienne. Qu'est-ce que tu en penses?

Ça te va très bien...

Je peux essayer ta robe rose?

Elle te plaît?... Bien sûr!

Bon appétit!

Ce ragoût est délicieux.

Un peu plus tard.

Je peux reprendre du dessert?

Il n'y en a plus, ma chérie.

Nous avons des cadeaux pour vous.

Oh! Vous êtes trop gentils...

* *dîner d'adieu:* farewell dinner

Bonne nuit.

On part à sept heures demain matin.

Le lendemain matin ...

Bonjour, madame.

Bonjour, Monsieur Tedjini. Vous êtes très gentil de nous emmener à l'aéroport ...

Au revoir, maman. Merci pour tout.

Bon voyage!

Au revoir, mon chou. Écris-nous!

Au revoir, Nabila!

Au revoir, Sophie.

Bon voyage!

TAXI

Grégoire et Amina vont bien ensemble. Ils sont très amoureux.

Oui, ils ont l'air heureux ...

Oui. Et finalement Sophie et Nabila s'entendent bien aussi. Mais Sophie va me manquer...

Oui, elle me manque déjà, Sophie.

Je n'ai pas pu partir!

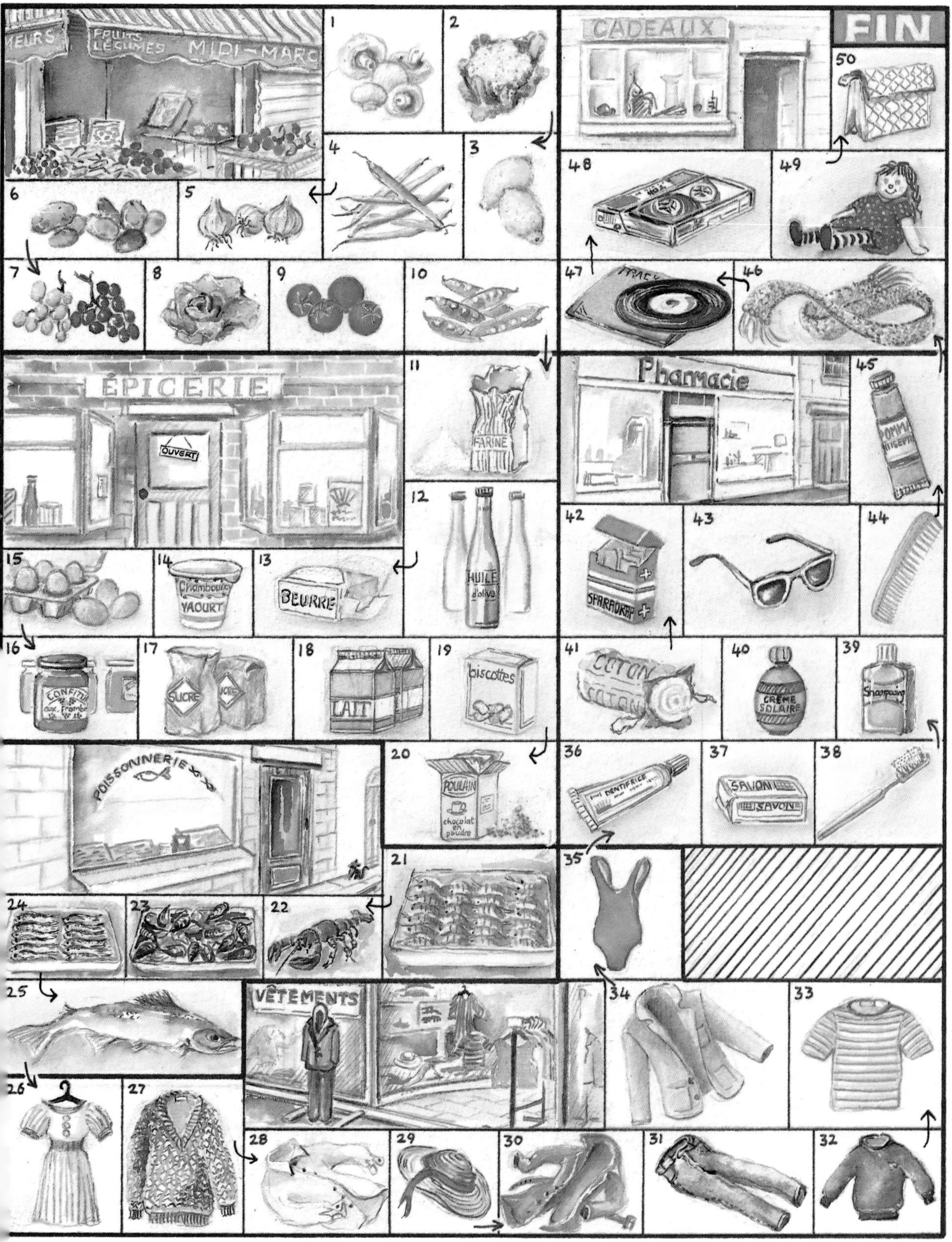

FRUITS LÉGUMES MIDI-MARC

1

2

3

4

5

6

7

8

9

10

ÉPICERIE

OUVERT

11 FARINE

12 HUILE d'olive

13 BEURRE

14 Chambourcy YAOURT

15

16

17 SUCRE

18 LAIT

19 biscottes

20 POULAIN chocolat en poudre

POISSONNERIE

21

22

23

24

25

VÊTEMENTS

26

27

28

29

30

31

32

33

34

35

36 DENTIFRICE

37 SAVON

38

39 Shampooing

40 CRÈME SOLAIRE

41 COTON

42 SPARADRAP

43

44

45

Pharmacie

46

47

48

49

50

CADEAUX

FIN

TENSES

THE PRESENT

Je mange

*corresponds both to **I eat** and **I am eating.** This is the present tense in French.*

THE PAST

J'ai mangé

*corresponds both to **I ate** and **I have eaten.** This is the past tense in French.*

Avoir *is used to make the past tense of most verbs.* Être *is used to make the past tense of some verbs: they are listed on page 146, and they are marked with an asterisk (*) in the glossary. (You will notice that we have given* **two** *patterns for regular* -er *verbs. This is because the first one,* donner, *uses* avoir *to form the past tense, and the second one,* arriver, *uses* être. *For reference, we have given the past tense of each of these verbs in full.)*

THE FUTURE

You can talk about the future in French by using the verb aller Je vais manger *means* ***I am going to eat.***

REGULAR VERBS

There are three groups of regular verbs in French: we call them -er verbs (*like* donner), -re verbs (*like* répondre) *and* -ir verbs (*like* choisir).

-er verbs

① donner (*to give*)

PRESENT TENSE
je donne
tu donnes
il/elle/on donne
nous donnons
vous donnez
ils/elles donnent

PAST TENSE
j'ai donné
tu as donné
il/elle/on a donné
nous avons donné
vous avez donné
ils/elles ont donné

② arriver (*to arrive*)

PRESENT TENSE
j'arrive
tu arrives
il/elle/on arrive
nous arrivons
vous arrivez
ils/elles arrivent

PAST TENSE
je suis arrivé(e)
tu es arrivé(e)
il/on est arrivé
elle est arrivée
nous sommes arrivé(e)s
vous êtes arrivé(e)(s)
ils sont arrivés
elles sont arrivées

SPELLING CHANGES

Some regular verbs have a spelling change in the nous *part:*

③ changer (*to change*)

PRESENT TENSE
je change
tu changes
il/elle/on change
nous changeons
vous changez
ils/elles changent

PAST TENSE
j'ai changé

④ commencer (*to start*)

PRESENT TENSE
je commence
tu commences
il/elle/on commence
nous commençons
vous commencez
ils/elles commencent

PAST TENSE
j'ai commencé

Some have spelling changes in all but the nous *and* vous *parts:*

⑤
appeler (*to call*)

PRESENT TENSE
j'appelle
tu appelles
il/elle/on appelle
nous appelons
vous appelez
ils/elles appellent

PAST TENSE
j'ai appelé

⑥
acheter (*to buy*)

PRESENT TENSE
j'achète
tu achètes
il/elle/on achète
nous achetons
vous achetez
ils/elles achètent

PAST TENSE
j'ai acheté

⑦
essayer (*to try*)

PRESENT TENSE
j'essaie
tu essaies
il/elle/on essaie
nous essayons
vous essayez
ils/elles essaient

PAST TENSE
j'ai essayé

-re verbs

⑧
répondre (*to answer*)

PRESENT TENSE
je réponds
tu réponds
il/elle/on répond
nous répondons
vous répondez
ils/elles répondent

PAST TENSE
j'ai répondu
tu as répondu
il/elle/on a répondu
nous avons répondu
vous avez répondu
ils/elles ont répondu

-ir verbs

⑨
choisir (*to choose*)

PRESENT TENSE
je choisis
tu choisis
il/elle/on choisit
nous choisissons
vous choisissez
ils/elles choisissent

PAST TENSE
j'ai choisi
tu as choisi
il/elle/on a choisi
nous avons choisi
vous avez choisi
ils/elles ont choisi

reflexive verbs

These have a reflexive pronoun between the subject pronoun (je, tu, il, *etc.*) *and the verb. They can be regular or irregular, but those that occur in* Arc-en-ciel 2 *are all regular. To use them, you will need to refer to pattern* ⑩ ***and*** *to one of the other patterns* (②, ③, *etc.*). *That is why there are* ***two*** *numbers before the reflexive verbs in the glossary.*
Reflexive verbs form their past tense with être.

⑩
se coucher (*to go to bed*)

PRESENT TENSE
je me couche
tu te couches
il/elle/on se couche
nous nous couchons
vous vous couchez
ils/elles se couchent

PAST TENSE
je me suis couché(e)
tu t'es couché(e)
il/on s'est couché
elle s'est couchée
nous nous sommes couché(e)s
vous vous êtes couché(e)s
ils se sont couchés
elles se sont couchées

IRREGULAR VERBS

Avoir, être *and* aller *are very important verbs because you need them as* ***auxiliary verbs*** *to form other tenses.*

Remember:

Avoir *is used to make the past tense of most verbs.*

Être *is used to make the past tense of some verbs: they are listed on page 146, and they are marked with an asterisk (*) in the glossary.*

Aller *is used to talk about the future.*

(11)
avoir *(to have)*

PRESENT TENSE
j'ai
tu as
il/elle/on a
nous avons
vous avez
ils/elles ont

PAST TENSE
j'ai eu

(12)
être *(to be)*

PRESENT TENSE
je suis
tu es
il/elle/on est
nous sommes
vous êtes
ils/elles sont

PAST TENSE
j'ai été

(13)
aller *(to go)*

PRESENT TENSE
je vais
tu vas
il/elle/on va
nous allons
vous allez
ils/elles vont

PAST TENSE
je suis allé(e)

(14)
faire *(to do/to make)*

PRESENT TENSE
je fais
tu fais
il/elle/on fait
nous faisons
vous faites
ils/elles font

PAST TENSE
j'ai fait

(15)
dire *(to say)*

PRESENT TENSE
je dis
tu dis
il/elle/on dit
nous disons
vous dites
ils/elles disent

PAST TENSE
j'ai dit

(16)
pouvoir *(to be able)*

PRESENT TENSE
je peux
tu peux
il/elle/on peut
nous pouvons
vous pouvez
ils/elles peuvent

PAST TENSE
j'ai pu

(17)
vouloir *(to want)*

PRESENT TENSE
je veux
tu veux
il/elle/on veut
nous voulons
vous voulez
ils/elles veulent

PAST TENSE
j'ai voulu

(18)
savoir *(to know/ to know how to)*

PRESENT TENSE
je sais
tu sais
il/elle/on sait
nous savons
vous savez
ils/elles savent

PAST TENSE
j'ai su

(19)
devoir *(to have to)*

PRESENT TENSE
je dois
tu dois
il/elle/on doit
nous devons
vous devez
ils/elles doivent

PAST TENSE
j'ai dû

(20)
prendre *(to take)*

PRESENT TENSE
je prends
tu prends
il/elle/on prend
nous prenons
vous prenez
ils/elles prennent

PAST TENSE
j'ai pris

(21)
mettre *(to put/to put on)*

PRESENT TENSE
je mets
tu mets
il/elle/on met
nous mettons
vous mettez
ils/elles mettent

PAST TENSE
j'ai mis

(22)
partir *(to leave)*

PRESENT TENSE
je pars
tu pars
il/elle/on part
nous partons
vous partez
ils/elles partent

PAST TENSE
je suis parti(e)

(23)
sortir *(to go out)*

PRESENT TENSE
je sors
tu sors
il/elle/on sort
nous sortons
vous sortez
ils/elles sortent

PAST TENSE
je suis sorti(e)

(24)
venir *(to come)*

PRESENT TENSE
je viens
tu viens
il/elle/on vient
nous venons
vous venez
ils/elles viennent

PAST TENSE
je suis venu(e)

(25)
voir *(to see)*

PRESENT TENSE
je vois
tu vois
il/elle/on voit
nous voyons
vous voyez
ils/elles voient

PAST TENSE
j'ai vu

(26)
croire *(to believe)*

PRESENT TENSE
je crois
tu crois
il/elle/on croit
nous croyons
vous croyez
ils/elles croient

PAST TENSE
j'ai cru

(27)
boire *(to drink)*

PRESENT TENSE
je bois
tu bois
il/elle/on boit
nous buvons
vous buvez
ils/elles boivent

PAST TENSE
j'ai bu

(28)
écrire *(to write)*

PRESENT TENSE
j'écris
tu écris
il/elle/on écrit
nous écrivons
vous écrivez
ils/elles écrivent

PAST TENSE
j'ai écrit

(29)
lire *(to read)*

PRESENT TENSE
je lis
tu lis
il/elle/on lit
nous lisons
vous lisez
ils/elles lisent

PAST TENSE
j'ai lu

(30)
connaître *(to know)*

PRESENT TENSE
je connais
tu connais
il/elle/on connaît
nous connaissons
vous connaissez
ils/elles connaissent

PAST TENSE
j'ai connu

VERBS WHICH FORM THEIR PAST TENSE WITH être

aller (*to go*): je suis allé(e)
arriver (*to arrive*): je suis arrivé(e)
venir (*to come*): je suis venu(e)
partir (*to leave*): je suis parti(e)
entrer (*to enter*): je suis entré(e)
rentrer (*to come/go home):* je suis rentré(e)
sortir (*to go out*): je suis sorti(e)
retourner (*to return*): je suis retourné(e)
monter (*to go up*): je suis monté(e)
descendre (*to go down*): je suis descendu(e)
rester (*to stay*): je suis resté(e)
tomber (*to fall*): je suis tombé(e)
naître (*to be born*): je suis né(e)
mourir (*to die*): il est mort/elle est morte

plus all reflexive verbs

NEGATIVES

To say that someone doesn't do something, put ne . . . *and* . . . pas *around the verb, like this:*
Je ne sais pas.

If the sentence has an object pronoun or a reflexive pronoun, the ne . . . *will be in front of it:*
Je ne le connais pas.
Je ne me maquille pas.

If the sentence uses an auxiliary verb (être, avoir *or* aller) *to form the past or future tense, the* ne . . . pas *will go round the auxiliary verb:*
Je n'ai pas vu.
Il n'est pas venu.
Elle ne va pas partir.

You can use ne . . . jamais, ne . . . plus *and* ne . . . rien *in the same way as* ne . . . pas.
Here are some examples:
Il ne m'appelle jamais. *He never rings me.*
Je ne l'aime plus. *I don't love him any more.*
Tu ne dis rien? *You're not saying anything?*

L'INSPECTEUR MARLOVIC: solution

Antoinette et Arthur Hémery ont volé le tableau.
Ils n'ont pas parlé à Marguerite et à Rosalie ce matin. Alors pourquoi ont-ils dit:
«Le tableau volé, c'est le tableau de Marguerite . . . Un très beau portrait, un tableau de grande valeur . . .»?

All words in blue are verbs. If you need to use a verb, it will help you to look at the POINT LANGUE sections on pages 8, 24, 43, 59, 67, 103 and 130 of this book.

You will also find examples of the different types of verbs, numbered 1 to 30, on pages 142 to 146. For example, the verb écouter is in blue and has the number ① before it. This means that écouter follows pattern number ① (which is on page 142). Reflexive verbs have two numbers before them. For example, the verb s'habiller has ② and ⑩ before it. This means that you will need to refer to patterns ② and ⑩ (on pages 142 and 143). Verbs which do not have numbers before them are ones which you will only need to recognise – you will not need to use them.

In this glossary, all verbs which need être to form the past tense are marked with an asterisk (*). There is also a list of them on page 146.

A

il/elle/on a – *from* avoir
d'abord – first
un abricot – apricot
accepter – to accept, to take
un accès – access
accessible – accessible
d'accord – OK
⑥ acheter – to buy
un acteur – actor
une activité – activity
une actrice – actress
les actualités (*f*) – news programme
une addition – bill
un adieu – farewell
① adorer – to love
une adresse – address
un aéroport – airport
une affaire – thing
une affiche – poster
l'Afrique (*f*) – Africa
un âge – age
une agence de voyages – travel agency
ah bon? – really?
j'ai – *from* avoir
une aide – help
① aider – to help
aïe! – ouch!
une aiguille – hand (*of a watch*); needle
① aimer – to like
① ajouter – to add
un alcool – alcohol
l'Algérie (*f*) – Algeria
algérien(ne) – Algerian
si on allait . . .? – how about going to . . .?
une allée – way
l'Allemagne (*f*) – Germany
allemand(e) – German
un aller simple – single (ticket)
⑬*aller – to go
⑩⑬*s'en aller – to go (away)
un aller-retour – return (ticket)
⑬*aller à quelqu'un – to suit someone
allez – go on; come on
allô – hallo
allumer – to light
alors – so
une altitude – height
américain(e) – American
un(e) ami(e) – friend
un amour – love
amoureux/amoureuse – in love
une ampoule – blister
amusant (e) – amusing
amuse–toi bien – have a good time
②⑩*s'amuser – to enjoy oneself
amusez-vous bien – have a good time
un an – year
un anchois – anchovy
une anémone de mer – sea anemone
anglais(e) – English
l'Angleterre (*f*) – England
un animal – animal
les animaux – animals
une année – year
un anniversaire – birthday
une annonce publicitaire – advertisement
un anorak – anorak
j'ai . . . ans – I am . . . years old
les Antilles (*f*) – West Indies
antiseptique – antiseptic
août – August
un appartement – flat, apartment
un appel – call
⑤ appeler – to call
⑤⑩*s'appeler – to be called
comment t'appelles-tu? – what's your name?
je m'appelle – my name is
① apporter – to bring
approprié(e) – adequate
après – after, at the end of
un après-midi – afternoon
un aquarium – aquarium
arabe – Arab, Arabic
une araignée – spider
un arbre – tree
un arbre généalogique – family tree
l'argent (*m*) – money
une armoire – wardrobe
l'arnica (*f*) – arnica
un arrêt – stop
un arrêt d'autobus – bus stop
②⑩ *s'arrêter – to stop
une arrivée – arrival
②*arriver – to arrive, to come
un article – item
un(e) artiste – artist
tu as – *from* avoir
un ascenseur – lift
l'Asie (*f*) – Asia
une aspirine – aspirin
asseyez-vous – sit down
assez – quite; enough
assieds-toi – sit down
une assiette – plate
assis(e) – sitting
un atout – asset
① attacher – to fasten
attends/attendez – wait
attends-moi – wait for me
⑧ attendre – to wait (for)
attention – careful
au lieu de – instead of
au revoir – goodbye
au secours – help
une auberge – inn
une aubergine – aubergine
aucun(e) – no
aujourd'hui – today
aussi – too, also
aussi . . . que – as . . . as
l'Australie (*f*) – Australia
un autobus – bus
un autographe – autograph
autour – around
autre – other
autre chose – something else
autrement – otherwise
avant – before
avec – with
un avenir – future
une avenue – avenue
vous avez – *from* avoir
un avion – aeroplane

un avis – opinion
à ton avis – in your opinion
(11) avoir – to have
(11) avoir besoin – to need
(11) avoir l'air – to seem
(11) avoir mal à la tête – to have a headache
(11) avoir un supermoral – to have a lot of pluck
nous avons – *from* avoir
avril – April

B

les bagages (*m*) – luggage
la baguette – thick stick of bread
(2)(10)*se baigner – to have a swim
le bain – bath
le bain moussant – bubble bath
le baladeur – personal stereo
le balcon – balcony
le ballon – ball
la banane – banana
la bande – bandage
la banque – bank
le barman – barman
la barre – bar
la barrière – gate
en bas de – at the bottom of
bas(se) – low
le basilic – basil
le basket – basketball
la basket – trainer
le bateau – boat
battre – to beat
battre les cartes – to shuffle cards
(1) bavarder – to chat
bavard(e) – talkative
beau – handsome, beautiful
le beau-père – stepfather
beaucoup – a lot, very much
les beaux-arts – fine arts
le bébé – baby
belge – Belgian
la Belgique (*f*) – Belgium
belle – beautiful
la belle-mère – stepmother
le bermuda – bermuda shorts
le besoin – need
bête – stupid, silly
la bêtise – mistake
le beurre – butter
la bibliothèque – library
bien – good; well
bien sûr – of course
bientôt – soon
à bientôt – see you soon
bienvenue – welcome
la bière – beer
le bifteck – steak
bilingue – bilingual
le billet – ticket
la biscotte – rusk, French toast
le biscuit – biscuit
bizarre – strange
blanc/blanche – white
le bleu – bruise
bleu(e) – blue
blond(e) – fair
(1) bloquer – to block
la blouse – overall
le blouson – jacket
le blue-jean – jeans
bof! – who cares?
(27) boire – to drink
je/tu bois – *from* boire
la boisson – drink
la boîte – box; tin
la boîte de conserve – tin
la bombe – spray, aerosol
bon! – good! right!
le bonbon – sweet
bonjour – hello
bonne chance – good luck
bonne nuit – good night
le bonnet – cap
bonsoir – good evening
à bord – aboard
le bord de la mer – seaside
la bouche – mouth
le bouchon – top (*of bottle, etc.*)
la boucle d'oreille – earring
(3) bouger – to move
la boulangerie – baker's
le boulevard – wide street
le bouquet – bunch
la bouteille – bottle
le bouton – spot
le bras – arm
bravo – congratulations
le brevet – certificate
la brochure – brochure
(1) bronzer – to tan
(2)(10)*se brosser – to brush
la brosse à dents – toothbrush
le brouillard – fog
le bruit – noise
brun(e) – brown
le/la brute – brute, bully
le buffet – buffet
la bulle – bubble
le bulletin – bulletin, report
le bureau – office, study
le but – goal

C

c'est – this is, it is
c'est-à-dire – that is to say
c'est tout – that's all
ça – this
ça fait mal – it hurts
ça n'a pas d'importance – it doesn't matter
ça ne me dit rien – I don't fancy that
ça ne va pas – something's wrong
ça passe – it's on
ça te dirait . . .? – do you fancy . . .?
ça te dit . . .? – do you fancy . . .?
ça va – I'm OK
ça va? – how are you?
ça va mieux? – are you better?
ça y est – that's it
le cadeau – present
le café – café; coffee
le cahier – exercise book
la caisse – cash desk
le caissier/la caissiere – cashier
la calculatrice – calculator
le calendrier – calendar
calme – quiet
calme-toi/calmez-vous – calm down
le caméraman – cameraman
camper – to camp
le Canada – Canada
canadien(ne) – Canadian
le canapé – settee
le canard – duck
le/la candidat(e) – candidate
la cape – cloak
le capitaine – captain
la capitale – capital city
le cardigan – cardigan
la carotte – carrot
le cartable – satchel
la carte – map; card
la carte bleue – credit card (*Visa*)
la carte d'identité – identity card
la carte postale – postcard
la case – box
(1) casser – to break
la cassette-vidéo – videocassette
la catastrophe – catastrophe
la catégorie – category
la cathédrale – cathedral
à cause de – because of
ce – this
la ceinture – belt
cela – that
célèbre – famous
celle(s)-ci – this one (these)
celle(s)-là – that one (those)
celui-ci – this one
celui-là – that one
cent – hundred
le centre – centre
le cercle – circle
le cerf-volant – kite

certains – some
ces – these; those
cet(te) – this
ceux – those
ceux-ci – these
ceux-là – those
chacun(e) – each
le chahut – uproar
la chaîne – TV channel
la chaîne stéréo – stereo system
la chaise – chair
la chambre – bedroom
le champ – field
le champagne – champagne
le champignon – mushroom
la chance – luck
(3) changer – to change
(3) changer de place – change seats
le chant – singing
(1) chanter – to sing
le chanteur – singer
la chanteuse – singer
le chapeau – hat
chaque – each
la charcuterie – pork butcher's, delicatessen
charmant(e) – charming
le chat – cat
le château – castle
chaud(e) – warm, hot
j'ai chaud – I am hot
le chauffeur – driver
la chaussette – sock
la chaussure – shoe
la chauve-souris – bat
le chemin – way; path
le chemin de fer – railway
la cheminée – fireplace
la chemise – shirt
la chemise de nuit – nightdress
le chemisier – shirt
le chèque – cheque
le chèque de voyage – traveller's cheque
cher/chère – dear; expensive
(1) chercher – to look for; to get
le cheval – horse
les chevaux – horses
le(s) cheveu(x) – hair
chez – at, to
chez elle – at/to her house
chez lui – at/to his house
chez moi – at/to my house
le chien – dog
la chimie – chemistry
les chips (*f*) – crisps
le chocolat – chocolate
choisi – *past participle of* choisir
(9) choisir – to choose
choisis(sez) – *from* choisir
le choix – choice
le chômage – unemployment
chômeur/chômeuse – unemployed
le chou – (*here*) darling
le chou-fleur – cauliflower
chouette – great
le chrysanthème – chrysanthemum
chut! – ssh!
Chypre – Cyprus
ci-dessus – above
ci-dessous – underneath
la cigarette – cigarette
le cinéma – cinema
cinq – five
cinquante – fifty
la circulation – circulation
les ciseaux (*m*) – scissors
le citron – lemon
clair(e) – light-coloured
claquer des doigts – to snap one's fingers
la clarinette – clarinet
la classe – classroom
en classe – in the classroom; at school
classique – classical
le/la client(e) – client, customer
le climat – climate
le coiffeur – hairdresser
la coiffeuse – hairdresser
la collection – collection
le collège – secondary school
la colline – hill
la colonne – column
combien? – how much, how many?
la commande – order
comme – like
(4) commencer – to start
comment vas-tu? – how are you?
comment? – how?, pardon?
un commentaire – commentary
comment allez-vous? – how are you?
comment ça va? – how are you?
le commissariat de police – police station
la commode – chest of drawers
complet – full
complètement – completely
composter – to stamp
comprendre – to understand
la compresse – dressing, compress
(1) compter – to count, to add up
le concert – concert
le concours – competition
la condition – condition
la confiance – confidence
la confiture – jam
confortable – comfortable
je/tu connais – *from* connaître
la connaissance – knowledge
faire la connaissance – to meet
(30) connaître – to know
connu – *past participle of* connaître
le conseil – piece of advice
le conservatoire – music academy
la consigne – left luggage
content(e) – happy
le contenu – contents
(1) continuer – to continue
continuellement – continuously
contre – against
le contrôleur – ticket collector
la conversation – conversation
le copain – friend, pal
(1) copier – to copy
la copine – friend, pal
la coque – cockle
le corps – body
la correspondance – train connection
correspondant(e) – that goes with it
(8) correspondre – to go with
le costume – costume
le côté – side
la Côte d'Ivoire – Ivory Coast
la Côte d'Azur – Riviera
à côté de – next to
le coton — cotton
le coton hydrophile – cotton wool
(2)(10)*se coucher – to go to bed
la couleur – colour
le couloir – corridor
le coup – blow
le coup de soleil – sunstroke
le/la coupable – culprit
la coupe – cup
(2)(10)*se couper – to cut oneself
la cour – playground
courir – to run
le cours – walk; lesson
court(e) – short
le/la cousin(e) – cousin
coûter – to cost
la couture – sewing
la cravate – tie
le crayon – pencil
un crème – coffee with milk
la crème – cream
la crème solaire – sun cream
la crêpe – pancake

la crevette – shrimp
(26) croire – to believe; to think so
je/tu crois – *from* croire
le croissant – croissant
la croix – cross
cruel(le) – cruel
cueillir – to pick
le cuir – leather
(faire) cuire – to cook
la cuisine – kitchen; cooking
le cyclisme – cycling

D

la dame – lady
dangereux/dangereuse – dangerous
dans – in
la danse – dancing
la danse classique – ballet
(1) danser – to danse
le danseur – dancer
la danseuse – dancer
la date – date
le dé – die, dice
de la – some
le début – beginning
décembre – December
décider – to decide
se décider – to make one's mind up
(1) déclarer – to declare
(1) découper – to cut out
découvrir – to discover
décrire – to describe
dedans – inside
la défense – tusk
défense de – forbidden
déguster – to taste, to sample, to enjoy
au dehors – outside
déjà – already
le déjeuner – lunch
le petit déjeuner – breakfast
délicieux/délicieuse – delicious
(1) demander – to ask (for)
(2)(10)*se demander – to wonder
demi(e) – half
la dent – tooth
le dentifrice – toothpaste
le départ – departure
le département – county
dépêche-toi – hurry up
dépêchez-vous – hurry up
cela dépend – it depends
(8) dépendre – to depend
depuis – for
dernier/dernière – last
derrière – behind, at the back
des – some
descendu – *past participle of* descendre
(8)*descendre – to get off; to come down
la descente – landing
désolé(e) – sorry
le dessert – dessert
le dessin – drawing
le dessin animé – cartoon
dessiner – to draw
à destination de – going to
détester – to hate
deux – two
deuxième – second
devant – in front
je/tu deviens – *from* devenir
devenir – to become
deviner – to guess
la devinette – riddle
la devise – currency
(19) devoir – to have to
les devoirs (*m*) – homework
je/tu devrais – (*from* devoir) I/you should
le diagramme – diagram
la différence – difference
difficile – difficult
la difficulté – problem
le dimanche – Sunday
le dîner – dinner
(15) dire – to tell, to say
direct – direct
le directeur – director; headmaster
directement – straight
la direction – direction
la directrice – director; headmistress
je/tu dis – *from* dire
dis-moi – tell me
la discothèque – disco
(1) discuter – to chat; to discuss
ils/elles disent – *from* dire
(2)(10)*se disputer – to have an argument
le disque – record
distrait(e) – absent-minded
(1) distribuer – to hand out
dit – *past participle of* dire
il/elle dit – *from* dire
divorcé(e) – divorced
dix – ten
dix-huit – eighteen
dix-neuf – nineteen
dix-sept – seventeen
le docteur – doctor
le documentaire – documentary
le doigt – finger
je/tu dois – *from* devoir
le domino – domino
dommage – pity
donne(z)-moi – give me
(1) donner – to give
dormir – to sleep
le dos – back
double – double
doublé – dubbed
la douche – shower
doué(e) – gifted, good
la douzaine – dozen
douze – twelve
la dragée – sugared almond
droit – straight
tout droit – straight on
à droite – on the right
du – some
le duc – duke
durer – to last

E

une eau – water
un éboueur – dustman
une échalote – shallot
une écharpe – scarf
les échecs (*m*) – chess
une école – school
une école maternelle – nursery school
une école primaire – primary school
l'Écosse (*f*) – Scotland
(1) écouter – to listen (to)
un écran – screen
(28) écrire – to write
écris/écrivez – write
l'éducation physique (*f*) – physical education
eh bien – well
un éléphant – elephant
un(e) élève – pupil
elle – she; it
elles – they
(1) éloigner – to take away
(1) embêter – to annoy
une émission – programme
emmener – to take
un emploi – job
un(e) employé(e) – member of staff
en – in
en fait – in fact
encore – still; more; again
un endroit – place
énervant(e) – annoying
(1) énerver – to get on someone's nerves
un enfant – child
enfin – well; at last
un engin spatial – spaceship
il/elle/on s'ennuie – *from* s'ennuyer
(7)(10)*s'ennuyer – to be bored
ennuyeux – boring
énormément – enormously
une enquête – survey; inquiry

(1) enregistrer – to record
ensemble – together
ensuite – then
(8) entendre – to hear
(8)(10)*s'entendre avec – to get on with
un enterrement – funeral
un entracte – interval
un entraîneur – coach
entre – between
une entrée – starter; entrance
(2)*entrer – to go in; to come in
(11) avoir envie – to feel like
(7) envoyer – to send
une épingle de sûreté – safety pin
une équipe – team
une équipe de nuit – night shift
une erreur – mistake
tu es – *from* être
un esquimau – (kind of) icecream
l'Espagne (*f*) – Spain
espagnol(e) – Spanish
(7) essayer – to try
(7) essuyer – to wipe
il/elle/on est – *from* être
c'est – it is, this is
l'est – east
et – and
et avec ceci? – anything else?
un étage – floor
été – *past participle of* être
un été – summer
éteignez – *from* éteindre
éteindre – to put out; to switch off
vous êtes – *from* être
une étiquette – label
étrange – strange
(12) être – to be
eu – *past participle of* avoir
euh – er
un eurochèque – eurocheque
exactement – exactly
(6) exagérer – to exaggerate
une excursion – excursion
excuse(z)-moi – excuse me
un exemple – example
par exemple – for example
un exercice – exercise
(1) expliquer – to explain
l'extérieur (*m*) – outside

F

en face de – opposite
facile – easy
la façon – way
le facteur – postman
(11) avoir faim – to be hungry
(14) faire – to do, to make
(14) faire attention – to be careful
(14) faire bonjour – to wave
(14) faire du chahut – to create an uproar
(14) faire des claquettes – to tap dance
(14) faire confiance – to trust
(14) faire connaissance – to meet
(14) faire les courses – to do the shopping
(14) faire la cuisine – to cook
(14) faire la fête – to have a party
(14) faire l'imbécile – to be silly
(14) faire la lessive – to do the washing
(14) faire le lit – to make the bed
(14) faire les magasins – to go shopping
(14) faire partie de – to belong to
(14) faire une promenade – to go for a ride/walk
(14) faire un régime – to go on a diet
(14) faire un tour – to go for a ride/walk
(14) faire la vaisselle – to do the washing up
(14) faire sa valise – to pack a suitcase
je/tu fais – *from* faire
je fais mes devoirs – I'm doing my homework
fait – *past participle of* faire
en fait – in fact
il/elle fait – *from* faire
il fait beau – it's beautiful weather
il fait du brouillard – it's foggy
il fait chaud – it's hot
il fait froid – it's cold
il fait mauvais – it's bad weather
il fait du soleil – it's sunny
il fait du vent – it's windy
ça ne fait rien – it doesn't matter
la famille – family
fantastique – fantastic
la farine – flour
fatigué(e) – tired
il faut – one has to/you have to
la faute – fault
le fauteuil – armchair
faux – false, wrong
favori(te) – favourite
félicitations – congratulations
la femme – woman; wife
la femme de ménage – cleaning lady
la fenêtre – window
la ferme – farm
(1) fermer – to close, to shut
le fermier – farmer
féroce – fierce
la fête – festival, saint's day, holiday
le feu – fire
le feu d'artifice – firework
le feuilleton – soap opera
le feutre – felt-tip
février – February
fiancé(e) – fiancé(e)
la fille – girl; daughter
le film – film
le film d'horreur – horror film
le fils – son
la fin – end
finalement – finally
fini(e) – finished, over
(9) finir – to finish, to end
la fleur – flower
le/la fleuriste – florist
le flipper – pin-ball machine
la fois – time
folle – mad
au fond – basically
ils/elles font – *from* faire
le football – football
la forêt – forest
la forme – form
(11) avoir la forme – to be in good form
(12) être en pleine forme – to be right on form
(1) former – to make up
formidable – great
fort(e) – strong; loud
fort(e) en – good at
fou – mad
le foulard – scarf
frais/fraîche – fresh
fragile – fragile, delicate
français(e) – French
le frère – brother
le frigo – fridge
frisé(e) – curly
la frite – chip
froid(e) – cold
j'ai froid – I am cold
le fromage – cheese
le fruit – fruit
le fruit de mer – seafood
(1) fumer – to smoke
fumeur – smoker

G

(1) gagner – to win
le gant – glove
le garage – garage
le garçon – boy
la gare – station
(1) garer – to park
le gâteau – cake
le petit gâteau – biscuit
à gauche – on the left
le gaz – gas

la génétique – genetics
génial(e) – fantastic
les gens – people
gentil(le) – kind
la géographie – geography
la girafe – giraffe
la glace – ice cream
la gomme – rubber, eraser
la gorge – throat
le gorille – gorilla
le goût – taste
① graisser – to grease
la grammaire – grammar
le gramme – gramme
(100g = 3½ oz)
grand(e) – tall, big, large
la grand-mère – grandmother
le grand-père – grandfather
la grande rue – high street
la Grande-Bretagne – Britain
les grands-parents – grandparents
la grange – barn
gras(se) – greasy
la Grèce – Greece
grec(que) – Greek
la grève – strike
la grille – grid
gris(e) – grey
gros(se) – big; fat
le groupe – group
le guichet – counter
le guide – guidebook
la guitare – guitar

H

②⑩*s'habiller – to get dressed
un(e) habitant(e) – inhabitant
① habiter – to live
d'habitude – usually
le hamburger – hamburger
le hamster – hamster
le handicap – handicap
handicapé(e) physique – physically handicapped
le haricot – bean
haut(e) – high
la hauteur – height
une heure – hour, o'clock
heureusement – fortunately; thank goodness
heureux/heureuse – happy
le hibou – owl
hier soir – last night
un hippopotame – hippopotamus
l'histoire (*f*) – history
une histoire – story
un homme – man
un hôpital – hospital
un horaire – timetable
un horaire d'ouverture – opening hours
horrible – awful, horrible
un hôtel – hotel
une huile – oil
huit – eight
de bonne humeur – in a good mood

I

ici – here
par ici – this way
idéal(e) – ideal
une idée – idea
① identifier – to identify
un(e) idiot(e) – idiot
il – he; it
il y a – there is
ils – they
imbécile! – idiot!
⑭ faire l'imbécile – to be silly
① imiter – to imitate
un immeuble – block of flats
un imperméable – raincoat
important(e) – important
① impressionner – to impress
un incident – incident
① indiquer – to indicate; to show
un(e) infirmier/infirmière – nurse
une information – piece of news
un ingénieur – engineer
un ingrédient – ingredient
inquiet/inquiète – worried, concerned
un insecte – insect
insomniaque – insomniac
un inspecteur – inspector
un inspecteur de police – police inspector
②⑩*s'installer – to settle down
un instant – moment
pour l'instant – at the moment
instinctivement – instinctively
une instruction – instruction
un instrument de musique – musical instrument
intellectuel(le) – intellectual
intelligent(e) – clever
interdit(e) – forbidden
intéressant(e) – interesting
① intéresser – to interest
ça m'intéresse – I am interested
l'intérieur (m) – inside
① inventer – to invent
① inviter – to invite
① irriter – to irritate
l'Italie (*f*) – Italy
italien(ne) – Italian
l'ivoire (f) – ivory
ivoirien(ne) – from Ivory Coast

J

jaloux/jalouse – jealous
ne . . . jamais – never
la jambe – leg
le jambon – ham
janvier – January
le Japon – Japan
japonais(e) – Japanese
le jardin – garden
le jardin des plantes – botanical garden
le jardin public – park
jaune – yellow
je – I
le jean – jeans
jeter – to throw
le jeton – counter
je/il/elle jette – *from* jeter
le jeu – game
le jeu de cartes – card game
le jeu de société – board game
le jeudi – Thursday
jeune – young
joli(e) – pretty
la jonquille – daffodil
① jouer – to play; to act
le joueur – player
le jour – day
par jour – per day
le journal – newspaper; magazine
les journaux – newspapers; magazines
le/la journaliste – journalist
la journée – day
tous les jours – every day
juillet – July
juin – June
la jupe – skirt
le jury – jury
le jus de fruits – fruit juice
le jus d'orange – orange juice
jusqu'à – until; as far as
juste – right, fair

K

le kangourou – kangaroo
le karaté – karate
le kilo – kilo
le kilomètre – kilometer
kilomètre à l'heure – km/h
le kiosque – kiosk

L

la – the
là – there; here
le lac – lake
la laisse – lead
laisser – to leave, to let
le lait – milk
la lampe de poche – torch

la langoustine – prawn
la langue – tongue; language
le lapin – rabbit
la lavande – lavender
le – the
lécher – to lick
le lecteur/la lectrice – reader
le légume – vegetable
le lendemain – following day
lentement – slowly
les – the
la lettre – letter
leur(s) – them; their
(6)(10) *se lever – to get up
la levure – baking powder
libre – free, vacant
le lien – bond
au lieu de – instead of
la ligne – line
la ligne aérienne – airline
la limonade – lemonade
(29) lire – to read
je/tu lis – *from* lire
le lis – lily
la liste – list
le lit – bed
le litre – litre (= *1¾ pint*)
la livre – pound (sterling); pound (= *500g*)
le livre – book
(1) livrer – to deliver
local(e) – local
loin – far
les loisirs – leisure activities, free time
long(ue) – long
la loterie – lottery
(1) louer – to hire
lourd(e) – heavy
lu – *past participle of* lire
lui – him/her
le lundi – Monday
les lunettes (*f*) – glasses
le lycée – secondary school
le/la lycéen(ne) – secondary school pupil

M

ma – my
la machine à laver – washing machine
madame – madam, Mrs
mademoiselle – Miss
le magasin – shop
le grand magasin – department store
magique – magic
le magnétoscope – video recorder
magnifique – magnificent
mai – May
maigre – thin
maigrir – to slim
le maillot de bain – swimsuit
la main – hand
à la main – by hand
maintenant – now
le maire – mayor
mais – but
la maison – house
à la maison – at home
la maison des jeunes – youth club
mal – bad, badly
le mal – harm
ça fait mal – it hurts
j'ai mal à . . . – my . . . hurts
mal élevé(e) – bad-mannered
malade – ill, sick
malheureusement – unfortunately
la maman – mum
la mamie – gran
(3) manger – to eat
la mangue – mango
la manif(estation) – demonstration
(1) manquer – to miss
(1) manquer à – to be missed by
(2)(10) *se maquiller – to put make-up on
le/la marchand(e) – seller
le marché – market
le marché aux puces – flea market
(1) marcher – to walk
le mardi – Tuesday
le mari – husband
le mariage – wedding, marriage
marié(e) – married
le Maroc – Morocco
marrant(e) – funny
j'en ai marre – I am fed up
marron – brown
mars – March
les math(ématique)s – maths
la matière – subject
le matin – morning
mauvais(e) – bad
me – me
le mécanicien – mechanic
méchant(e) – wicked, unkind
méfiant(e) – distrustful
(3) mélanger – to mix
le/la membre – member
même – same
la même chose – the same
en même temps – at the same time
la mémé – gran
la mémoire – memory
la ménagère – housewife
mentionné(e) – mentioned
la mer – sea
merci – thank you
le mercredi – Wednesday
le mercurochrome – red antiseptic
la mère – mother
la belle-mère – stepmother
mes – my
mesdames – ladies
messieurs – gentlemen
messieurs-dames – ladies and gentlemen
la mesure – measure
la météo – weather forecast
le métier – job, occupation
le mètre – metre
le métro – underground
je/tu mets – *from* mettre
mets-toi – sit down
(21) mettre – to put (on), to wear
le meuble – item of furniture
miam, miam! – yummy!
midi – midday
mieux – better
mignon – cute
mille – thousand
mince – slim
minéral(e) – mineral
minuit – midnight
la minute – minute
mis – *past participle of* mettre
la mobylette – moped
moche – ugly
moi – me, I
moi non plus – nor me
moins – less
moins le quart – quarter to
le mois – month
en ce moment – at the moment
mon – my
le monde – world
il y a du monde – it's busy, crowded
le moniteur/la monitrice – instructor
monsieur – sir, Mr
le monstre – monster
(2) *monter – to go up, to get in
la montre – watch
(1) montrer – to show
le morceau – piece
la mort – death
mort(e) – dead
le mot – word
la moto – motorbike
les mots croisés – crossword
le mouchoir – handkerchief
la moule – mussel
le moule – cake tin
le mouton – sheep
le moyen de transport – means of transport
le muguet – lily of the valley
le Muscadet – white wine
musclé(e) – muscular

le musée – museum
la musique – music
le mystère – mystery

N

n'est-ce pas? – isn't that so?
(3) nager – to swim
nantais(e) – from Nantes
la natation – swimming
nature – plain
naturellement – of course
le navigateur – navigator
ne . . . pas – not
ne . . . plus – not . . . any more
ne t'en fais pas – don't worry
nécessaire – necessary
il neige – it's snowing
nerveux/nerveuse – nervous, tense
neuf – nine
le nez – nose
Noël – Christmas
le nœud papillon – bow tie
noir(e) – black
le nom – name
non – no
non plus – neither
le nord – north
normal(e) – normal, natural, usual
nos – our
la note – bill
(1) noter – to jot down
notre – our
nous – we; us
nouveau – new
nouvel(le) – new
novembre – November
nucléaire – nuclear
la nuit – night
le numéro – number
le numéro d'immatriculation – registration number

O

un objet de valeur – valuable
les objets trouvés – lost property
(1) observer – to watch
occupé(e) – taken; busy
octobre – October
un œuf – egg
un œuf dur – hard-boiled egg
un office de tourisme – tourist office
une offre – offer
offrir – to give as a present, to offer
une oie – goose
un oignon – onion
un oiseau – bird
une olive – olive
une omelette – omelette
on – we
un oncle – uncle
ils/elles ont – *from* avoir
onze – eleven
un opéra – opera
une opinion – opinion
l'or – gold
une orange – orange
un orchestre – orchestra
un ordinateur – computer
ordinaire – ordinary
une oreille – ear
original(e) – original
ou – or
où – where
(1) oublier – to forget
l'ouest – west
oui – yes
un ours – bear
ouvert(e) – open (*from* ouvrir)
ouvre(z) – open
un ouvrier – worker
ouvrir – to open

P

pailleté(e) – spangled
le pain – bread
la paire – pair
le panier – basket
paniquer – to panic
la panne – breakdown
la panne d'électricité – power failure
le panneau – board
le pansement – dressing, plaster
le pantalon – trousers
la panthère – panther
le papa – dad
le papillon – butterfly
Pâques – Easter
le paquet – packet
par – by; through; with; per
par contre – however
paraître – to appear
le parapluie – umbrella
parce que – because
le parcours – route
pardon – excuse me
(1) pardonner – to forgive
le parent – parent
paresseux/paresseuse – lazy
parfait(e) – perfect
le parfum – perfume
parfumé – perfumed, scented
le parking – car park
(1) parler to speak, chat
je/tu pars – *from* partir
le/la partenaire – partner
(1) participer – to take part
la partie – part
(22)* partir – to leave, to go
pas – not
ne . . . pas – not
pas du tout – not at all
le passager – passenger
on passe – they are showing
le passe-temps – hobby
le passeport – passport
(1) passer – to pass, to spend
(2)* passer – to call round
(1) passer à – to go to
(1) passer un tour – to miss a tur
la passion – passion
passionnément – passionately
la pastille – lozenge
la pâte – pastry
le pâté – pâté
les pâtes (*f*) – pasta
la patience – patience
le patin à glace – ice skate
le patin à roulettes – rollerskate
(1) patiner – to skate
la patinoire – skating rink
la pâtisserie – cake shop
le/la patron(ne) — boss; manager
pauvre – poor
le pays – country
la peau – skin
peint(e) – painted
le/la peintre – painter
la pellicule – dandruff
(2)(10)* se pencher – to lean
pendant ce temps – meanwh
pendant – during, for
pénible – tedious
(1) penser – to think
le percolateur – coffee percolator
(8) perdre – to lose
perdu – *past participle of* perdre
le père – father
le père Noël – Father Christma
permanent(e) – permanent
la permission – permission
perpétuel (le) – everlasting
le perroquet – parrot
le personnage – character
la personne – person
ne . . . personne – nobody
le personnel – staff
peser – to weigh
petit(e) – small, little
le petit déjeuner breakfast
le petit pois pea
un(e) petit(e) ami(e) – boy/girlfrie

la petite-fille – granddaughter
les petits-enfants – grandchildren
un peu – a little
à peu près – about
(11) avoir peur – to be afraid
il/elle/on peut – *from* pouvoir
peut-être – maybe, perhaps
ils/elles peuvent – *from* pouvoir
je/tu peux – *from* pouvoir
la pharmacie – chemist's
la photo – photograph
le/la photographe – photographer
la phrase – sentence
le piano – piano
la pièce – room; coin
la pièce d'identité – identification
à pied – on foot
le pied – foot
le pilote – pilot
le ping-pong – table tennis
le pique-nique – picnic
la piqûre – bite, sting
la piscine – swimming pool
la place – seat; square
la plage – beach
plaire à – to attract
ça me plaît – I like it
le plan – map
la plante – plant
le plat – course, dish
le plateau – tray
il pleut – it's raining
pleuvoir – to rain
la plongée sous-marine – diving
(3) plonger – to dive
plus – more
ne . . . plus – no more
la pointure – shoe size
le petit pois – pea
le poisson – fish
le poisson rouge – goldfish
le poivre – pepper
le poivron – pepper
le policier – policeman
la pollution – pollution
la pommade – cream
la pomme – apple
la pomme de terre – potato
la population – population
la porte – door; gate
le portefeuille – wallet
(1) porter – to wear; to carry
le portrait – portrait, profile
pose(z) – put down
(1) poser – to put down
(1) poser une question – to ask a question
possible – possible
la poste – post office
le poste de police – police station
le pot – pot
(20) prendre un pot – to have a drink
le poulet – chicken
la poupée – doll
pour – for; in order to
pourquoi – why
je/tu pourrais – (*from* pouvoir) I/you could
il/elle/on pourrait – (*from* pouvoir) he/she/we could
(16) pouvoir – to be able to
préféré(e) – favourite
(6) préférer – to prefer
premier/première – first
(20) prendre – to take
(20) prendre feu – to catch fire
(20) prendre un pot – to have a drink
je/tu prends – *from* prendre
le prénom – Christian name
(1) préparer – to prepare
près de – near
(1) présenter – to introduce
je vous présente – this is
(2)(10)*se présenter – to go to
je vous en prie – don't mention it
principal(e) – main
pris – *past participle of* prendre
le prix – price
le problème – problem
prochain(e) – next
produire – to produce
ils/elles produisent – *from* produire
le produit – product
le/la prof – teacher
le professeur – teacher
professionnel(le) – professional
profond(e) – deep
le projet – plan
la promenade – walk, ride
(6)(10)*se promener – to walk
(1) proposer – to suggest
la protection – protection
la provision – provision
pu – *past participle of* pouvoir
publicitaire – advertising
la publicité – advertisement
puis – then
puisque – as
le pull-over – jumper

Q

qu'est-ce que? – what?
qu'est-ce que c'est? – what is it?
qu'est-ce qu'il y a? – what's the matter?
qu'est-ce que tu as? – what's the matter?
qu'est-ce que tu fais? – what do you do?
qu'est-ce que tu veux? – what do you want?
qu'est-ce que vous voulez? – what do you want?
qu'est-ce qui se passe? – what's happening?
le quai – platform; quay, embankment
quand – when
quarante – forty
le quart – quarter
quatorze – fourteen
quatre – four
quatre-vingts – eighty
quatre-vingt-dix – ninety
que – than
quel(le) – what, how
quel âge as-tu – how old are you?
quel âge avez-vous? – how old are you?
quel culot! – what a cheek!
quel dommage! – what a pity!
quelle heure – what time
quelle tête! – just look at his/her face!
quelque chose – something
quelquefois – sometimes
quelques – a few
quelqu'un – someone
la question – question
qui – who
qui est-ce? – who is it?
quinze – fifteen
quitter – to leave
quoi? – what?

R

(1) raconter – to tell
la radio – radio
le ragoût – stew
raide – straight (hair)
les raisins – grapes
la raison – reason
(11) avoir raison – to be right
le rang – row
ranger – to tidy; to put away
rapide – fast
le rapport – relationship
le rat – rat
réagir – to react
le/la réceptionniste – receptionist
la recette – recipe
recevoir – to receive
recommander – to recommend
reconnaître – to recognise
la récréation – break
(1) reculer – to go back
la réduction – reduction, discount

réfléchir – to think
(1) refuser – to refuse, to turn down
(1) regarder – to watch, to look (at)
le régime – diet
la région – region; area
la règle – ruler
relire – to read again
le remède – remedy
remets-toi – get better
(2)*remonter – to go back up
remplacer – to stand in for; to replace
remplir – to fill in
(1) remuer – to move
(1) rencontrer – to meet
le rendez-vous – date
rendez-vous – let's meet
le renseignement – information
(2)*rentrer – to go back
(2)*rentrer de – to come home from
renvoyé(e) – dismissed
repartir – to go back
le repas – meal
(8) répondre – to answer
répondu – *past participle of* répondre
la réponse – answer
le reportage – documentary
le requin – shark
la réservation – booking
réservé(e) – reserved
(1) réserver – to reserve
le restaurant – restaurant
le reste – rest
(2)*rester – to stay
le résultat – result
le résumé – summary
en retard – late
le retour – return
retraverser – to cross again
(1) retrouver – to meet again, to see again
(2)(10)*se retrouver – to meet
réussir – to succeed
revenir – to come back
au revoir – goodbye
la revue – magazine
le rez-de-chaussée – ground floor
ridicule – ridiculous
rien – nothing
de rien – don't mention it
rigolo(te) – funny; joker
la rivière – river
la robe – dress
le robot – robot
le rôle – part
le roman – novel
rose – pink
la rose – rose
rouge – red
en route pour – on the way to
roux/rousse – red (-haired)
la rue – street
le rugby – rugby
russe – Russian

S

sa – his; her
le sac – bag
le sachet – small packet
je/tu sais – *from* savoir
la salade – lettuce; salad
la salle à manger – dining room
la salle d'attente – waiting room
la salle de bains – bathroom
la salle de séjour – living room
le salon – sitting-room
salut – hi; goodbye
le samedi – Saturday
sans – without
la santé – health
la sardine – sardine
le saumon – salmon
(1) sauter – to jump
sauvage – unsociable
(18) savoir – to know
le savon – soap
les sciences (*f*) – science
scientifique – scientific
sec/sèche – dry
au secours – help
secret/secrète – secret
le/la secrétaire – secretary
seize – sixteen
le sel – salt
la sélection – selection
la semaine – week
par semaine – a week
le sens contraire – the other way
sensationnel(le) – sensational
(1) séparer – to separate
sept – seven
septembre – September
il sera – it will be
la série – series
je/tu sers – *from* servir
il/elle sert de – it's used as
le serveur – waiter
la serveuse – waitress
la serviette – towel
servir – to serve
ses – his; her
seul(e) – alone
seulement – only
sévère – strict
le shampooing – shampoo
si – if; whether; yes; so
s'il te plaît – please
s'il vous plaît – please
la sieste – siesta; afternoon sleep
(1) signer – to sign
la silhouette – silhouette
simple – single
six – six
le slip – briefs
le slip de bain – swimming trunks
le smoking – dinner suit
la sœur – sister
la demi-sœur – stepsister
la soie – silk
avoir soif – to be thirsty
le soir – evening
la soirée – evening
soixante – sixty
soixante-dix – seventy
le soleil – sun
la solution – answer
nous sommes – *from* être
son – his; her
le sondage – opinion poll
ça sonne – the bell's ringing
(1) sonner – to ring
ils/elles sont – *from* être
ce sont – these are
je/tu sors – *from* sortir
la sortie – outing; exit
(23)*sortir – to go out
(1) souligner – to underline
la soupe – soup
sous – under
le sous-titre – subtitle
le souvenir – souvenir
souvent – often
le sparadrap – adhesive plaster
la spécialité – local dish
spécialement – particularly, especially
splendide – magnificent
sportif/sportive – sporty; on sports
le squelette – skeleton
le stade – stadium
(1) stationner – to park
la station de métro – tube station
la statue – statue
stéril(e) – sterile
le style – style
le stylo – pen
sucer – to suck
le sucre – sugar
le sud – south
suédois(e) – Swedish
ça suffit – that's enough
je suis – *from* être
la Suisse – Switzerland

suivant(e) – following
suivre – to follow
super – great
la superficie – area
le supermarché – supermarket
sur – on; about
sûr(e) – sure, certain
sûr(e) de toi – self-assured
la surface – surface
le survêtement – tracksuit
① survoler – to fly over
le sweat-shirt – sweatshirt
le symbole – symbol
sympa – friendly, nice
le synthétiseur – synthesiser
le système – system

T

ta – your
le tabac – tobacconist's
la table – table
le tableau – board; painting
la taille – size
vous faites quelle taille? – what's your size?
tais-toi/taisez-vous – be quiet
la tante – aunt
tard – late
plus tard – later
la tarte – tart
la tartine – slice of bread
le taxi – taxi
te – you
le tee-shirt – teeshirt
la télé – telly
le téléphone – telephone
① téléphoner – to phone
le téléspectateur – TV viewer
la télévision – television
temporaire – temporary
le temps – time
de temps en temps – from time to time
tenez – here you are; look
tenir – to hold
tenir en laisse – to keep on a lead
la terrasse – patio
tes – your
la tête – head
le texte – text
le thé – tea
le théâtre – theatre
le thermostat – thermostat
le thon – tuna fish
le ticket – ticket
je/tu tiens – *from* tenir
tiens – here you are; look
le tigre – tiger
le timbre – stamp
timide – shy
① tirer – to draw, to pull
toi – you
les toilettes (*f*) – toilet
la tomate – tomato
②*tomber – to fall
②*tomber en panne – to break down
②*tomber sur – to come across
ton – your
tôt – early
① toucher – to touch
toujours – always
la tour – tower
le tour – turn
le tourisme – tourism
le/la touriste – tourist
① tourner – to turn
① tourner un film – to shoot a film
tous – all
tous les deux – the two of us
tous les jours – every day
tout – everything
c'est tout – that's all
en tout – altogether
tout de suite – immediately
tout droit – straight on
tout le monde – everyone
tout/toute/tous/toutes – all
de toute façon – anyway
toute la journée – all day
toutes les X heures – every X hours
le train – train
① traîner – to hang around
le trait – line
le trajet – journey
tranquille – quiet
① transporter – to carry
le travail – work
① travailler – to work
travailleur/travailleuse – hard-working
les travaux manuels – handicrafts
① traverser – to cross
treize – thirteen
trente – thirty
très – very
le trésor – treasure
① tricher – to cheat
trilingue – trilingual
triste – sad, miserable
trois – three
troisième – third
la trompe – trunk
trop – too
la trousse – pencil-case
la trousse de secours – first-aid kit
la trousse de toilette – sponge bag
① trouver – to find; to think so
le truc – thing
tu – you
le tube – tube
la tulipe – tulip
la Tunisie – Tunisia
turc/turque – Turkish
la Turquie – Turkey

U

un(e) – one; a(n)
uni(e) – joined
l'Union Soviétique (*f*) – Soviet Union
une usine – factory
utiliser – to use

V

il/elle/on va – *from* aller
va-t-en – go away
les vacances – holidays
j'ai vaincu – I conquered
je vais – *from* aller
je m'en vais – I'm going
la valeur – value
la valise – suitcase
le vampire – vampire
la vanille – vanilla
varié(e) – varied
les variétés – variety show
tu vas – *from* aller
vas-y – go ahead
le vase – vase
le veau – veal
la vedette – star
le vélo – bicycle, bike
vendre – to sell
le vendredi – Friday
㉔*venir – to come
㉔*venir de – to have just
le vent – wind
le ventre – stomach
on verra – we shall see
le verre – glass
vers – leading to
verser – to pour
en version originale – in the original language
vert(e) – green
la veste – jacket
le vestiaire – changing room
le vêtement – item of clothing
ils/elles veulent – *from* vouloir
je/tu veux – *from* vouloir
je veux bien – I'd love some; I'd love to
la viande – meat
le/la victime – victim
la vie – life
viens – come
tu viens? – are you coming?
vietnamien(ne) – Vietnamese

vieux/vieille– old
la vigne– vine
la ville– town
le vin– wine
vingt– twenty
(1) visiter – to visit
le visiteur– visitor
vite– quickly
la vitesse– speed
la vitrine– shop window
vivant(e)– alive
vivre – to live
voici– here is
voilà– here is; here you are
(25) voir – to see
je/tu vois– *from* voir
voisin(e)– neighbour; nearest
la voiture– car
la voix– voice
le vol– flight
(1) voler – to fly; to rob, to steal
ils/elles vont– *from* aller
vos– your
votre– your
je/tu voudrais– I/you would like
il/elle/on voudrait– he/she/we would like
(17) vouloir – to want, to wish
nous voulons– *from* vouloir
vous– you
le voyage– journey
le voyageur– traveller
vous voyez– *from* voir
voyons– let's see
le voyou– rascal, hooligan
vrai– true
vraiment– really
vu– *past participle of* voir
la vue– view

W

le walkman– personal stereo

Y

y– there
le yaourt– yoghurt
les yeux(*m*) – eyes

Z

zéro– nil; nought
le zeste– peel
le zoo– zoo
zut!– bother!

Arc-en-ciel Stage 2

Pupil's Book

Teacher's Book

Repromasters

Cassettes

Flashcards

Cover lesson pack

Repromasters for learning support

Fun with Arc-en-ciel 2 (computer software)

Illustrations
Hemesh Alles
Jane Andrews
Keith Brumpton
Michel-Marie Bougard
Phillip Burrows
Debbie Clark
Bridget Dowty
Caroline Ewen
Ian Foulis
Lizzie Kelsall

Design
Eric Drewery and Bob Vickers

Photographs
J Allan Cash Photolibrary (pages 99, 102); Allsport UK Ltd (pages 92, 94); Michel-Marie Bougard (pages 5, 7, 31, 86); Bruce Coleman Ltd/Erwin & Peggy Bauer (page 49); Bruce Coleman Ltd/Jane Burton (pages 32, 49); Bruce Coleman Ltd/Peter Davey (page 49); Bruce Coleman Ltd/Dieter & Mary Plage (page 49); Bruce Coleman Ltd/Goetz D Plage (page 32); Bruce Coleman Ltd/Hans Reinhard (page 49); Bruce Coleman Ltd/Len Rue JR (page 49); Chris Cox (page 49); Keith Gibson (pages 5, 99, 106, 137); The Hutchison Library (page 118); MGP/Lucinda Beatty (pages 7, 49, 102, 113); MGP/Julia Davey (pages 5, 25, 31, 86, 119, 129, 131, 135, 137); MGP/Roy Peters (page 7); MGP/Frédéric Pitchal (pages 28, 36, 86); MGP/David Simson (pages 85, 102, 113); Frank Spooner Pictures/Paul Nightingale (pages 9, 28, 51); Grahame Morrison (page 17); Sally Woodward (page 1).

We are grateful to the following for allowing us to reproduce published material: *Télé 7 Jours* (pages 6, 52, 56); SNCF (page 9); Hôtel de la Tour, Honfleur (page 17); Office du Tourisme de Nantes (pages 21, 22); France Glaces Findus s.a. (page 32); Radio Nantes, Jardin des Plantes de Nantes, Musées du Château des Ducs de Bretagne (page 40); Casterman, Tournai (page 42); LEGO Publishing, *Podium* (page 44): Bayard Presse (pages 60, 95, 107, 123, 129); Société Centrale d'Achats. *Marie Claire* (page 80); Parc Zoologique de la Châtaigneraie, Château de Goulaine, Musée de la Poupée et des Jouets Anciens (page 88); *Graffiti* (page 92); Maison des Vins du Pays Nantais (page 110); Influence-Pok, *Karting* (page 123); Opéra de Nantes (page 134); Phildar (page 138); Conseil Général de Loire-Atlantique (page 137).

Every effort has been made to trace all the copyright holders but the publishers will be pleased to make the necessary arrangements at the first opportunity if there are any omissions.

The authors and the publishers would like to thank all those who have worked on *Arc-en-ciel* 2, and particularly Danièle Bourdais.

First published 1989. Reprinted, 1990, 1992, 1993
ISBN 1–85234–233–1

Mary Glasgow Publications
An imprint of Stanley Thornes (Publishers) Ltd
Ellenborough House
Wellington Street
CHELTENHAM GL50 1YD

Photoset in Linotron Palatino with Futura by Northern Phototypesetting Co, Bolton
Colour origination by Scan Trans, Singapore. Printed by Richard Clay Ltd, Norwich